食林外史

朱振藩

【目次】

兩岸三地的飲饌書寫

Pchome Online 網路家庭董事長

詹宏志

　　有一次在香港書展的會場裡，兩位記者攔住我的去路，堅持要探窺我手中提袋的內涵，其中一個袋子在拉拉扯扯間被打開，跌出我剛剛買來的一些香港作家李純恩的作品：《李純恩吃在港澳》、《李純恩吃在北京》、《李純恩又吃在上海》等，一堆書恰巧全都是飲食指南。年輕記者忍不住笑了起來，問說：「詹先生也那麼喜歡吃嗎？」我正在懊惱八卦祕密被狗仔隊發現，又後悔沒把另一袋「比較有學問」的購書提袋打開，期期艾艾之餘，竟然脫口辯解說：「我正在比較兩岸三地的飲食書寫。」

　　這當然不是全部的事實，我也許應該老老實實承認，在公眾熟悉的「端莊嚴肅」的外貌與議題之下，包藏的仍舊是平凡貪欲的「飲食男」（或者說，雖然我長得一副「饑餓三十」的模樣，體內卻也豢養了一頭永不知飽足的饕獸）。但我推托的回答也並不是全盤無稽，我自己的確是一個耽讀「美食讀物」（包括食譜、食評、餐廳評鑑、飲食歷史等）的讀者，而在氾濫無依歸的漫讀之中，我又依稀感覺兩岸三地關於「飲饌書寫」，的

確存有一些風格與取向的不同。

就拿香港的老牌食評名家蔡瀾或新起之秀李純恩來說吧，他們可說是飲食書寫的實用主義派，他們劍及履及，踏勘餐廳，親嚐菜餚，最後一言而決，做出餐廳高明與否的評斷來。他們的文章清楚曉暢，立場簡單明白，絕不拖泥帶水；文章功用也不講修辭，不唱高調，我手寫我口，讓讀者得以按圖索驥，求食得食，指南之功也。

但話又說回來，廣府地富人傑，美食一道早有傳統，其後匯流入香港，更見現代化與精緻化的轉變軌跡，香江餐飲業之發達，亦足以傲視群倫；飲饌書寫，當然不應該止於餐廳指南而已。前曾讀江獻珠《蘭齋舊事》寫江家「太史蛇宴」（江的祖父江孔殷太史是民初代理英美菸草的富商，家裡的飲宴是當時廣州美食的代表），近則讀家學淵源的黃雙如寫如何整治家餚，見識之廣、講究之精，都讓我看到「食在廣州」的悠遠傳統及其厚積的文化。只是香港如今是步調快速的商業社會，飲食文章在實用以外的欣賞功能，相對顯得隱晦，也使江、黃二人的文章變成香港的異數。

中國大陸的飲饌書寫，停滯了幾十年，隨著社會開放與經濟改善，漸漸又有興盛的意思。回想八〇年代初訪大陸時，我曾經驚訝於昔日庶民的日常飲食竟然傾頹到那個地步，老百姓但求飽肚，不問精粗，甚至失去追求美食的動力（我猜想原因不是貧窮，而是一種政治社會性的創傷）。我當時曾經憂愁中國多樣化的料理是否將萬劫不復，現在看來是過慮了。九〇年代後半大陸的餐飲開始突飛猛進，食材多元、人才輩出，如今又成了老饕們的新天堂了。

但吃要三代，一代食家凋零，恐怕還得要用上一段時間來補補課。大

陸老百姓現在吃得起也捨得吃，但品味水準一時之間還上不了檔次，光看全中國火鍋紅火橫行，不問滋味，不問源流，什麼東西都往熱鍋裡放，含混至此，一葉可知秋矣。飲食書寫，受限於環境，大陸指南式的圖書多次讓我大失所望。香港的美食評論者的意見儘管不見得盡合我意，但畢竟他們見多識廣，胸有丘壑，看得上眼的餐廳，多半都有獨到之處。但中國大陸新一代吃家，資歷尚淺，對烹調淵源了解不夠，誤判或驚新的傾向就比較嚴重了。

大陸比較好看的飲食文章，反而是遺老們所寫的飲食掌故，類似像《閭巷話蔬食》之作，記錄的是舊日老北京的民間飲食，細述食材、菜餚、酒水、技術、與習俗，譬如什麼是「一籮到底麵」、什麼是「鹽水炒一窩猴」之類的。這些文章有歷史傳承、民俗意趣、和文化底蘊，讀來反而引人入勝，不忍釋卷。只是這些文章可讀不可用，想要拿著它在街坊尋覓，恐怕要和逯耀東一樣，感嘆「已非舊時味」，手上一卷其實已經是飲食文化的輓歌了。

大陸的飲饌文章可讀不可用，香港的文章卻多是可用不可讀（作者們求的是資訊快捷新鮮，只重實用不重文采），到那裡去找兩美兼具的飲食文章呢？依我閱讀所見，恐怕還是要看台灣作者的書。

且不提已經遠了的老一輩飲饌作者如唐魯孫、唐振常等，我自己最愛讀的飲食文章出自逯耀東先生之筆。逯先生為文不失歷史教授本色，談吃常常能述其淵源變革，使讀者多聞多識，這是閱讀的知性之樂；逯先生自稱「兩肩擔一口」的文章，又常常揉合自身的際遇，以及社會變遷的滄桑，這其實是文章最感性、也最餘味無窮之處。有好幾篇我讀之動容的文章，作者在其中反覆追尋，其實吃到的常常是走了味的文化、與變了調的

歷史，他吃到了什麼我有時反而記不得，而那些吃不到的、寓意著社會變化的流失、一些生活情調的死亡，往往才是文章最曲折動人處。

食物一事，在文化交匯與歷史轉折之際最有趣味，台灣是移民、殖民、難民的「三民主義」之地，交匯與轉折屢見不鮮，形成它斑駁多元的特色與趣味；我的岳家來自江浙，我常常想像這些長輩初抵台灣時，如何驚駭地從這些陌生怪異的蔬果魚鮮，一點一滴重建起家鄉的味覺（有的恐怕就永遠變了）。逯耀東寫飲食的青春傷逝，台灣新一代飲饌作家卻銳意開發並融合；新的食家見多識廣，世界各國的飲食經驗逐漸匯入書寫的比較論列系統之中。這當中我最佩服的是朱振藩，朱子愛吃能吃懂吃，博雅兼容，能寫眼光獨到的實用餐館評鑑（我就曾經捧著他的《口無遮攔：吃遍台灣美食導覽》一家一家去吃），也能寫食家掌故、名酒名菜淵源（像我現在寫序的這本《食林外史》就是名菜掌故，但兼及餐廳，故亦可用）；我特別欣賞朱子對食物的態度，他能出入名館，也能悠遊攤販，美食當前，有吃無類，真情之人也。

傷逝或讚嘆，同屬於某種「生之激情」，我傾向於相信美食家是最不會自殺的一種人，他們熱愛食物，不得不熱愛生命。因為愛，有時發出滿足的讚嘆；因為愛，有時發出喪失的感傷。我們在美食天地裡，每日失去一些舊日滋味，但願我們也都不斷找到一些。

新版再記

Pchome Online 網路家庭董事長

詹宏志

　　《食林外史》初版時,朱振藩老師邀我作序。邀我這位外行人寫序,一方面當然是「美麗的誤會」,但也再度提醒我「天下沒有白吃的午餐(或晚餐)」,我偶而有機會追隨朱老師盡享名菜名酒,很少有機會輪到付帳,正在暗忖僥倖,沒想到報應很快就到了。

　　幸虧我想起當時閱讀兩岸三地飲食文章的經驗,發現各地飲饌書寫頗有個性差別,也隱然反映了兩岸三地都會化、現代化的程度,以及美食文化的發展階段,乃應用了一點通俗「社會學」的角度,找到一個為台灣飲饌書寫辯護的位置,而解釋了台灣的美食文章,當然也就解釋了當今台灣最具代表性的朱振藩老師的文章。

　　但是時日推移,物換境遷,當時看起來有點意思的私房觀察,如今不見得都說得通了。一方面,三個社會都不是「靜態的」,特別是中國大陸,變化的速度令人目不暇給,「瞻之在後,忽焉在前」了;另一方面,三地交流頻繁,香港蔡瀾先生的作品已經是台灣閱讀景觀的一部分,而朱

老師的作品在大陸出版已超過十種，朱振藩也不再只是「台灣的朱振藩」。

我當時說香港社會步調快速，文章實用短小，飲食指南「能吃不能讀」；大陸正在追尋舊味，遺老憶寫昔時，飲食掌故「能讀不能吃」；而我心目中，台灣的飲食書寫，「文化、指南」兼而有之，「能吃又能讀」。這些話現在看起來不對了，台灣和大陸，步上香港後塵，大部分的新文章現在都是「能吃不能讀」了。但比起香港食家見多識廣，胸有丘壑，台灣和大陸的新作者（特別是充斥在網路的美食家們），有時候更是「不能吃也不能讀」，這些新興的文章主要的缺點是：淵源錯亂，品味平庸，民粹盛行，有時也常讓我有不知何處下箸之感。

今天朱老師修訂重出舊作的意義也因此更新了。依我之見，才只有幾年，朱老師已經正式升格為「遺老」，他已經屬於一個逝去的「時代」，那個言而有物、言必有「史」的時代，他的聲音如今聽起來也已經有點蒼涼、有點不合時宜了。

但我是太悲觀了嗎？事實上，從另一個角度看，台灣也正來到某種「文藝復興」的階段，有愈來愈多埋頭尋找自然食材的達人與大廚，有愈來愈多的廚藝家想要回歸「古早」，有愈來愈多的食客尋求真味、不務時髦……。最壞的時代，有時候是黎明前的黑暗，希望是這樣的意思，希望是這樣的意思。

流連浩瀚食林，樂而忘歸

饕生活網站創意長

谷懷萱

吊人胃口，是朱老近年來經常犯下的滔天大罪。

對於愛吃好吃也想懂吃的人來說，全世界最恐怖的事情，莫過於看著珍饈美味羅列眼前，卻無從下箸，只能垂涎三尺，身心備受痛苦煎熬扼腕不已。捧讀朱老的《食林外史》如果沒有做好心理準備，小心轆轆飢腸隨時會來跟你嚴正抗議，原因正是文中這些個絕妙佳餚，諸多早化為歷史煙塵，此生再有萬貫家財，也無法如願一嚐，甚至就算今世有些店家老字號招牌還在，但文章中巧手精妙的老師傅們，早多不再重做馮婦，或已然棄世登仙，惟只留存著一抹香，讓我們僅能透過朱老生花妙筆，重新在思緒中熱油翻炒，以精采的文字，憑弔宴饗著五臟廟。

上自天子、下自庶民，個個都是朱老食林中的英雄好漢，朱元璋少年困頓餓乏時，把長毛的豆腐，拿去用熱油猛炸，只為了去掉發霉的表層，竟然就此發明了油炸毛豆腐，進而傳諸後世，現在各處可見這臭名遠揚的國民美食，甚至還變成綜藝節目試煉老外忍耐程度的重點小吃，想我也曾

在上海的餐館，品味那臭得像臭水溝般的墨綠色臭豆腐，至今深刻入心，滋味難忘。而今大家夜市巡遊，啃下臭豆腐的那一刻，是否一如當年開國的平民皇帝，吃下第一口般萬分驚喜？

有趣的是，拉麵現下幾乎已然成為日本的代表作，如果不是拜讀老師大作，看他力陳三個半世紀前，拉麵是怎樣曲折離奇地透過明代大儒，才從神州大陸飄洋過海遠傳東瀛，芸芸眾生恐怕至今依舊傻傻分不清楚，經追本溯源後，原來我們才是絕對正宗。朱老其實透過文章默默開展一場美食清源運動，諸多我們所認知的異國美味，根本就是中國老祖宗世世代代流傳於世的智慧結晶，只不過最後掠美於他方罷了。

篇篇讀來拍案驚奇，腦中冒出「原來如此」的燈泡不斷點亮，壞就壞在謎底最後揭曉，經常不是時候，有一回我正要看完精采絕倫的阿一鮑魚秀，糖心鮑魚如何經過十個小時左右慢火煨煮，熱煙騰騰中，才滷出咖啡色澤，鮮味飄散，老師描述他是怎麼地用根叉子，插在正中，由外而內，慢慢轉著轉著，細嚼品味海中奇珍，看得我饞得好似一隻貓在旁邊翹首看著缸裡的魚鮮活跳著。好不容易眼神由書抽離，往窗外定睛一看，冷汗倏地瞬間奔流直冒，才赫然發現我當時正搭了高鐵去外地出差，到站了竟然還全然不知，結果就差那麼個幾秒鐘，差點誤了下車時間，倉皇拎著袋子，抱了這本書，趕緊衝出車廂，決定狠狠地坐在高鐵的長板椅上，一口氣把整篇讀完，以免又懸念於斯。

饕客尋珍閱讀本書，品味躍然紙上的餐宴美食，也千萬別選在夜半時分，我就曾挑燈看了一篇細說年菜佛跳牆的文章，為著文中引述秀才好一句「罈啟葷香飄四鄰，佛聞棄禪跳牆來」，惹得自己忍「津」不住，也跳下床，直奔廚房，以現代泡麵果腹，但口中的速食麵條自然味如嚼蠟，與

文中所說的鮑魚，排翅，海參，花膠，鹿筋，魚唇，真是差矣差矣！最終亦只能懷抱殘念入夢。

　　以上慘案，跟朱老回報，大人哈哈一笑，高呼著實在罪過罪過。讀朱老的書，確實開卷有益，得以學得不少歷史知識，也開卷有「液」，能生津、開脾胃、顧消化，不過建議諸公最好酒足飯飽再來享用，以免走入朱老布下的美食迷魂陣，在浩瀚食林中，一再流連，樂而忘歸。

口腹之外大乾坤

「民以食爲天」雖是句老掉牙的話，但人生在世，爲延續生命，總以吃爲首。不過，光爲口腹而吃喝，實與其他衆生無異，忝爲萬物之靈。因此，人們在吃喝之外，就有很多發揮空間。或在用餐前，精究食材，務求美善；或在用餐時，高談闊論，興會淋漓；當然也可在用餐後，探討歷史，觸類旁通。如此一來，喫個飯將不再局限於「我『吃』故我在」這個範疇，而是可以就飲食一門的歷史面、文化面、社會面及經濟面等面向，上下縱橫，四通八達，走出一條無限寬廣的康莊大道。由此觀之，其中的林林總總，在逐一的追本溯源或抽絲剝繭下，非但可以洋洋灑灑，蔚爲大觀，而且將會愈探愈出，有味外味。

就在十餘年前，我突發奇想，也不揣固陋，想從餚點或食材入手，將歷史人物及事件等，找出其中關鍵，適時適當切入，整個串連起來，再就個人際遇，穿插其中，予以活化，盼能畫龍點睛，增加其趣味性和可讀性。基於這個理念，一共找了三百多個題目，有心秉持著唐吉訶德的精神，不計得失，奮往直前，只爲圓「夢」。

當時，我正在《聯合報》闢〈大吃一驚〉，在《中國時報》闢〈大味王〉這兩個飲食專欄，以飲食的掌故爲主，兼寫飲食的好尙及如何品味。

由於我這個人有點食古不化，而且最像蘇東坡處，即在「不合時宜」。因而我的文字，深受古文影響，介乎文、白之間，且觀念、舉止等，形同今之古人。凡此種種，竟能獲得回響，吸引一些粉絲，想來也算挺另類的。

機緣真是湊巧，那時候的某夜，有幸與《聯合報》社長張作錦及《歷史月刊》的社長虞炳昌等有道長者用膳。當張社長得知，我竟然就是那位撰寫〈大吃一驚〉的朱振藩時，著實大吃了一驚，笑道：「我看了您的文章，原以為和我一樣，已七老八十了，沒想到這麼年輕（時為公元一九九九年，我年四十二歲），真是後生可畏。」虞社長則趁勢向我邀稿，在該刊撰寫些有關飲食的長篇文字，題材不拘。我則誠惶誠恐，硬著頭皮應承。過沒幾天，就交了首篇[1]，虞社長看罷，尚稱滿意，主動與我聯繫，要求往後開個專欄，按月發表。不知天高地厚的我，從此開疆闢土，筆耕不輟。

或許當時創作慾正熾，我亦在《傳記文學》寫些類似的文章，像〈倒戈名菜紙包雞〉、〈叛將嗜食瓤矮瓜〉等是，居然甚受歡迎，引發讀者互動，平添不少鼓勵。

以上這些文章，後來結集成冊，名為《食林外史》，發行兩岸三地，反應相當熱烈。在事隔多年後，部分內容已舊，且有新的體驗，遂將舊稿改寫，刪蕪存菁，篇篇予以更新。同時，產生新的領悟，再增加些文章，充實內容，擴大層面，俾有助於全方面的提升品味，進而開拓視野，並從各個角度，了解飲食真正地核心價值所在。

---

[1] 即〈宮保雞丁撲鼻香〉。

本書之得以付梓，固賴《歷史月刊》提供園地，使不才如我者，幸可出入馳騁，任意揮灑，融合理性與感性，而實以歷史為依歸。另，內子關蕙明女士在操持家務之餘，復鼎力相助，使專注有恆，終撥雲見日，日後行有餘力，將陸續撰寫，冀能竟全功。

此外，本書承蒙趨勢大師詹宏志先生及精於品味的高徒谷懷萱小姐慨然賜序，妙筆生花外，復妙語如珠，誠為本書大增光采，謹在此一併致謝，是為序。

左宗棠雞比人驕

　　自雜碎之後，美國中餐館最熱門的菜，首推左宗棠雞。據保守估計，全美國每天至少有幾千甚至上萬人必點它一次，吃得不亦樂乎？左宗棠亦因此而成為在北美大陸最赫赫有名的中國人，不僅毛澤東、胡錦濤等政治人物，難望其項背，甚至是球星姚明，也只能瞠乎其後。

　　老實說，即使我對左宗棠已有一定的了解，但二十餘年前，初讀潘祖蔭上文宗皇帝疏中的「國家不可一日無湖南，湖南不可一日無左宗棠」這兩句話，內心仍起絕大波瀾，澎湃激盪，久久不能自己。此話如出自對勳臣的褒美，倒也無可厚非，而且恰如其分。但當時的左宗棠，只是個一介書生、在籍舉人，擔任湖南巡撫駱秉章的幕僚，雖無一官半職，卻已名動天下。平心而論，若無過人能耐，加上特殊際遇，左宗棠豈能如此轟轟烈烈，獲致此一最高肯定？

▍「非凡之才」困淺灘

　　左宗棠，字季高，湖南湘陰人。自幼即「天資豪爽，圭角畢張，一切睥睨視之」。試舉三列如下──

◎ 左宗棠

　　某年除夕夜玩鑼鼓甚歡，乃祖松野公顧而樂之，召之近前道：「我有一聯，汝試對之。」出上聯云：「除夕月無光，點萬盞明燈，替乾坤增艷。」宗棠不假思索，隨即吟出下聯，云：「新春雷未發，擊三通戰鼓，代天地揚威。」氣魄極大，其志不小。

　　又，才氣縱橫的左氏，在廿五歲時，一貧如洗，會試連連失意，仍留心經世致用之學，以天下為己任，滿懷壯志，懸一聯於書齋內，聯云：「身無半畝，心憂天下；讀書萬卷，神交古人。」

　　此外，意氣豪邁的左宗棠，雖家境貧素，但全無謙卑狀。其未顯時，曾造訪某縉紳家，適逢湯餅之會，主人素慕其才，殷勤留客；安席之際，更推為首席，宗棠亦未謙辭，欣然落坐。有客不以為然，倡言：「今日首席，必先詠詩。」宗棠莞爾，即請命題。言者有意難之，提議以湯餅會為題，並限押「惡、索、角」三字，讓他下不了台。

宗棠構思有頃，朗吟道：「日昨天宮逃一惡，青龍掙斷黃金索；六丁六甲緊追查，尋到君家見頭角。」鏗鏘有力，吐屬不凡。於是眾賓客嘆服，報以釆聲，主人尤為激賞，並請書綾誌慶。接著猜拳行令，開懷暢飲，盡歡而散。

然而，被同輩親友目之為誇大狂妄的左宗棠，卻深受賀長齡、賀熙寧這對兄弟檔的重視，青眼有加。他們俱是丁憂回籍時，始與宗棠密切互動。由於兩兄弟同注重「經世致用」的實學，符合宗棠志趣。起先常向主編過《皇朝經世文篇》[1]的賀長齡求教，受益良多，長齡稱許他為「國士」。待長齡復起擔任貴州巡撫後，其弟賀熙寧時在長沙三大書院之一的「城南書院」主講，不僅介紹宗棠就讀，而且不時覓左對談，抵掌促膝，縱論無忌，益奠定其深厚的根基。

等到熙齡歸去，撰〈舟中懷左季高詩〉一首，云：「六朝花月毫端掃，萬里江山眼底橫。開口能談天下事，讀書深抱古人情。」並在詩中加注說：「季高近棄詞章，為有用之學，談天下形勢，瞭如指掌。」其推重由此可知矣。

除賀氏兄弟外，「三試禮部不第，遂絕意仕進」的左宗棠，照樣為世人所重，像擔任兩江總督的陶澍，便譽他為「奇才」，結為兒女親家；而名重天下、方卸任雲貴總督的林則徐，在與宗棠這位寒士晤談後，對宗棠大為賞識，向胡林翼稱讚左為「非凡之才」、「絕世奇才」。並贈他一副對聯，聊申敬意。聯云：「此地有崇山峻嶺，茂林修竹；是能讀三墳五典，八索九丘。」[2]

---

1 此書收集清初至當時有關地理、水利、軍事、農業、海軍等文章。
2 《三墳》、《五典》、《八索》、《九丘》皆古史書名，稱許左博覽群書，識見卓越。

另，據《清史稿》的記載，宗棠「喜爲壯語驚眾，名在公卿間。嘗以諸葛亮自比，人目其狂也」，但胡林翼「亟稱之，謂橫覽九州，更無才出其右者」。胡林翼眞不愧是左宗棠的知己，曾在咸豐六年七月，向清文宗專奏舉薦，稱他：「深知左宗棠才學過人，於兵政機宜、山川險要，尤所究心。前陶澍、林則徐均稱爲奇才，……該員秉性忠良，才堪濟變，孜孜尚氣節，而過於矯激。面折人過，不少寬假。」

不過，左是否眞爲不世出的「奇才」，尚有想像空間。但《清史稿》說他是「霸才」，反而名實相副。並指出他多智略，「剛峻自天性」，且「好自矜伐」。而他這個霸氣，更在那狂之上，每讓人受不了，甚或成爲笑柄。但有一次，卻成美談。比方說，他佐駱秉章「軍幕」時，駱「倚之如左右手。僚屬白事，輒問：『季高先生云何？』」於是「忌者日眾，謗議四起，而名日聞」。等到他平定新疆後，「勛望益崇」。一日對友人說：「君視我何如駱文忠（駱秉章諡號）？」友人回說：「不如也。」宗棠悻悻然說：「何以知之？」則說：「駱公幕府人才有公，公幕府人才乃不復有公，以此觀之，殆不如也。」宗棠大笑說：「誠如子言！誠如子言！」總算自認不如，終究算是好的。下面這則，就透露出些許端倪了。

廉不言貧，勤不言勞

話說多次保薦左宗棠，使他得任浙撫，進而獨當方面，從此大展其才的曾國藩，其「知人之明，舉人之功，當世推第一人」。以致「中興諸將帥，雖貴，皆尊事國藩」。但宗棠硬是不吃這一套，「獨與抗行，不少屈」。

◎ 曾國藩慶賀太平宴

　　據劉體仁[3]在《異辭錄》一書中，其記曾左事，有云：「文襄（左宗棠諡號）在軍距曾軍數十里程，間日跨馬而來，文正（曾國藩諡號）盛設饌食以待，謂大烹以養聖賢，重文如此。文襄善啗而好談，入座則杯盤狼藉，遇大塊用手擘開。恣議笑樂，議論風生，旁若無人。偶與辯勝，張目而視，若將搏噬之狀。稱人必以其名，惟於文正則敬之稱字。一日言事有異同，文正出句：『季子自鳴高，與我心期何太左！』文襄對曰：『藩臣身許國，問君經濟有何曾？』以名對字，偶一呼名，所謂箭在弦上，不得不發也。」簡單數語，於宗棠之豪之狂之霸，描繪得入木三分。

　　有一次，他盛氣問幕僚道：「為什麼大家總稱曾左，而不稱左曾呢？」座中一客率爾答道：「曾公眼中有左公，左公眼中卻沒有曾公，此世人之所以稱曾左而不稱左曾也。」宗棠聞罷，默然良久，只得改容謝教。

　　還有一則更扯，簡直是自取其辱了。依黃濬《花隨人聖盦摭憶》所

---

[3] 其父劉秉璋，出自淮軍，曾官至四川總督。

述，將宗棠「氣矜之隆」，描寫盡致。原來左氏總督陝甘時，與布政使林壽圖（字歐齋）常牴牾，林遂對左不滿。「左以諸葛自命，嘗署為老亮。一日公宴，坐中有言某事者，左詡其先見之明，掀髯大笑曰：『此諸葛之所以為亮也。』無何，某事失機，歐齋戲易其詞嘲曰：『此諸葛之所以為諸也。』[4]文襄聞之深憾」，便找個籌餉不力的理由，劾歐齋去職。

憑良心說，「剛毅強果，已屆耄年，精力不衰，雖日歷兵間疾苦，未嘗以況瘁形於顏色」的左宗棠，「砥礪剛介之操，老而益力」。曾言：「西事（指陝甘及新疆回亂）艱難萬分，人人望而卻步，我獨一力承擔。勇於任事，難出其右。」關於此點，曾國藩便曾對幕客說：「我輩自粵匪（指太平天國）平，精力已盡，唯左季高下文方長耳。」等到呂庭祉（耀斗）自甘肅謁見國藩，乃「詢左公設施，呂歷述公處事之精詳，律身之艱苦，體國之公忠，謂朝端無兩」。國藩聽罷，擊案回說：「誠然。此時西陲若無季高，無論我不足當此任，……君言朝端無兩，我以為天下一人耳。」可謂讚譽備至。

收復陝甘，底定新疆，乃左宗棠一生最大事功，號稱「周秦漢唐所未有」。之所以能如此，除了他「用兵善審機，不常其方略」外，更在於精力旺盛，鞠躬盡瘁。以致「邊塞苦寒，雪壓行帳」之時，他老兄一貫「擁絮若緝，據白木案，手披圖籍，口授方略，自朝至夕，不遑暇食。軍事旁午，官書山積，日必次第治理」；即使「裨校來牘，必手批答」。同時他「遇將士不尚權術，惟以誠信相感孚，貪夫悍卒，一經駕馭，罔不帖然」，難怪調兵遣將，如臂使指。後人本此而有詩云：「男兒立志在邊疆，戰守

---

[4] 文襄甚肥，以諸音同豬，謔而近虐。

分明有主張；絕口不談和議事，千秋惟有左宗棠。」實非溢美之詞。

左宗棠雖「廉不言貧，勤不言勞」，但「待幕友甚厚」。有次以烤乳豬犒勞幕友，即表示：「近來士大夫食此，唯啖皮數片而已，不免暴殄天物，我必全食之。」因取肝腸遍致諸客道：「盡心焉耳矣。」借指吃盡豬腹中物，以示說話風趣。就在此刻，「從者以鹽漬蔓菁（即大頭菜）進」，則曰：「此諸葛菜也。」他無論何時，均隱以諸葛亮自況，自得之狀，於此宛然可見。

以上所舉者，加上麵與蓴菜，乃正史野乘對左宗棠在飲食上的所有敘述，當中有豬肉有蔓菁，就是沒有雞肉，更遑論那以其名為菜的左宗棠雞了。直截了當地說，這道在全美大小中餐館必備的名饌，其手法大抵為：將去皮的大塊雞腿肉，裹上薄麵糊，經油炸後，再下糖、醋、醬油，與辣椒爆炒，接著在上桌時，墊以綠花椰菜，色彩紅綠分明，煞是好看。待一口咬下，甜辣濃稠的醬汁，和外酥裡嫩的雞肉極搭，其能攫獲老外的口感和芳心，進而點享者眾，蔚成名菜。由此觀之，絕非偶然。

▌左宗棠雞現蹤食林

那麼左宗棠雞這道菜，又是怎麼現蹤食林的呢？

原來蔣經國在擔任行政院院長時，有次下班甚晚，帶隨從用晚膳，兩人逕抵「彭園」。此時賓客星散，餐廳即將打烊。老闆兼大廚的彭長貴，突見貴客光降，但廚房無啥高檔食材，拿得出檯面的，只剩雞腿而已。於是靈機一動，先把雞腿去骨，再連皮帶肉切成丁、塊狀，接著辣椒去籽，斜切成段，然後炸熟雞塊，撈起瀝乾。隨即煸過辣椒，再下雞塊，加醬

◎ 左宗棠雞

油、醋、蒜末、薑末拌炒均勻，最後澆淋太白粉水勾芡及淋麻油即成。成菜色呈紅褐，馨香四溢，一看即惹饞涎。

蔣氏食罷，驚為美味，便詢此乃何菜？彭老闆情急智生，心想若無名人加持，怎顯其身分高貴，便答此乃左宗棠最愛吃的雞菜，故後人稱為「左宗棠雞」。經國先生聽後，頷首而笑，以後便常光顧「彭園」，只為品嘗他十分中意的「左宗棠雞」。此事一經揄揚，馬上沸沸騰騰，人們無不樂從，左宗棠雞於是成為「彭園」的看板菜之一，名噪一時。

彭長貴師事「譚廚」（一名「祖庵菜」）的末代名廚曹敬臣（一名曹藎臣，以行四，人稱曹四），曹追隨譚延闓[5]多年，得其親自指點，烹調治饌，日新又新，並摸得透譚的飲食習慣和口味。當時南京官場，便流傳說：「若要邀請譚院長，需先邀請曹廚師。」又，譚因中年以後，牙口不佳，所好菜色，多以文火煨焗而成。故曹四燒的菜，最稱拿手的，乃熟爛黏三字訣，所燒的畏公魚翅、畏公豆腐、糖心鯉魚等，尤膾炙人口。但彭

---

5 曾任國民政府主席及行政院院長。

來台灣後，爲了迎合市場和別樹一幟，初期尙守師法，後則鷹揚奮飛，屢創新菜，其最著者有紅燒魚脣、富貴雙方、紅燜排翅、哈蜜鴿盅、左宗棠雞、彭家豆腐等。後二者更是無心插柳之作，不但豆腐家喻戶曉，雞更播譽海內外。

左宗棠雞之所以在美國揚名立萬，實與彭長貴赴美發展有關。一九七三年時，他選在紐約曼哈頓東四十四街開設餐館，一仍其貫，稱爲「彭園」。此地距聯合國總部不遠，逐漸做出口碑，政商名流經常流連此間，連當時美國國務卿季辛吉都是座上客。翌年，紐約ABC電視台以彭長貴的「左宗棠雞」爲專題，製作一集特別節目。播出之後，短短幾天內，該電視台就接到一千五百多封來信，要求提供此食譜。從此「左宗棠雞」聲名鵲起，正式進入美國人的味蕾世界，其影響所及，尤使其他中國菜望塵莫及。

正宗左宗棠雞在台灣

有兩位女士皆愛左宗棠雞，也曾採訪過彭長貴本人及採訪過左宗棠的故鄉。在她們的推波助瀾下，左宗棠雞自然更加水漲船高，一發不可收拾，盛譽迄今不衰。

第一位是英國BBC電視台主持人扶霞。她曾在台灣師範大學學中文，並在四川學餐飲，拜在川菜宗師熊四智門下，且在紐約的《美食家》雜誌撰寫專欄。當她赴湖南考察湘菜前，曾訪台灣一週。或許是因緣際會，這段時間內，除了採訪外，與我聚餐四次，大談中國菜，彼此盡歡。當她吃完在我安排之下，「極品軒餐廳」老闆陳力榮特地燒的上海菜及

「上海小館」老闆馮兆霖所整治的美饌後，直誇其味之佳，乃生平所僅見。

臨行之前，我贈以拙作《食林遊俠傳》、《提味》和《食味萬千》三冊。她興高采烈，還問我是否可引用書中內容？並表示台灣之行實在太短，盼這回去湖南的半年考察，能夠有所斬獲，以後一有機會，當再來台灣研究飲食云云。

其時彭長貴已在長沙開設「彭園」餐廳，但基本上，他老人家師承的「譚廚」，底子是淮揚菜，手法為嶺南菜，與其說它是湖南菜，倒不如說是集中國菜的精英，加上一些他的創意，以甘鮮為取向。可是湖南人卻不認同這是湘菜，因而未幾就歇業了。經她實地求證，左宗棠雞這道美國人心目中的湖南名菜，在湖南各地壓根兒沒有供應，面對此一狀況，不禁令曾在紐約採訪過彭長貴的她，悵然若有所失。

第二位是紐約時報記者李競。她對中國菜有濃厚的興趣，長年以來，多方蒐集全美各地有關左宗棠雞的食譜和照片，經慎思熟慮後，決定將左宗棠雞列入其新書《幸運餅》中的一章，為此，她專程飛往湖南，準備尋找其源頭。

李競在尋訪的過程中，根本不見其蹤影，結果與扶霞同：一無所獲。而為了探訪真相，她追索到湘陰縣界頭舖鎮的左宗棠老家，甚至與左公的後人攀談，讓他們看美國餐廳各式各樣的左宗棠雞照片。無奈他們兩眼茫然，不明白訪客所為何來。

後來李競輾轉來到台北的「彭園」，親自向彭長貴請益，也見識到了「正宗」的左宗棠雞。只是一樣菜名兩般情，原版的左宗棠雞「帶皮，以醬油入味，不甜也不酸，沒有外裹麵糊的酥脆口感，更甭提沒有一片綠色的花椰菜墊底」。

年事已高的彭長貴亦大開眼界，看到李競電腦檔內所有的美國各「中」餐廳左宗棠雞照片時，相當不以爲然。當他知道美國版的特徵之一爲其味帶甜時，瞠目激動地說：「這不是湖南味，湖南菜不是甜的。」此外，又看到有些餐館配雞腿的料，居然是玉米粒和紅蘿蔔時，簡直不敢置信。

　　這趟左宗棠雞源尋根之旅，終於她親自訪問彭長貴作結，但在李競的內心裡，或許正如瞎子摸象，愈摸愈茫然了。

　　綜觀左宗棠的一生，不似曾、李二人，罕與西人接觸。惟「咸豐、同治間，泰西諸國勢益盛，曾文正、李文忠（李鴻章諡號）議外交皆主和平，公則鋒穎向敵。自新疆還朝，會各國使館曾築高樓，內廷可俯而窺也，公爲軍機大臣，移文令改爲原式，且曰：『如不撤，吾當代撤之。』各公使懼，竟如命。」以上所言，見之於姚永樸的《舊聞隨筆》。我不知此事是否爲確？畢竟，《清史稿》只云：「國家承平久，武備馳不振，而海外諸國爭言富強，雖中國屢平大難，彼猶私議以爲脆弱也。及宗棠平帕夏（竊據新疆者），外國乃稍稍傳說之。其初入京師，內城有教堂高樓，俯瞰宮殿，民間譁言左侯至，樓即燬矣，爲示諭曉，乃止。其威望在人如此。」倒底有拆沒拆？仍是一團迷霧，讓人煞費思量。

　　不過，左宗棠在西方人眼裡，仍是很有分量的。《清史稿》亦云：「出爲兩江總督、南洋通商大臣。嘗出巡吳淞，過上海，西人爲建龍旗，聲礮，迎導之惟謹。」這或許與他議外交，則「鋒穎凜凜向敵，士論以此蓋附之」有關，但他那強悍的「霸才」，方是關鍵所在。可見人如果自強，孰能奈我？

　　有件事倒值得一提，據說左宗棠「官甘肅時，一日，值盛夏，解衣臥

便榻上，自摩其腹，一材官（借指武勇之卒）侍側，公顧之曰：『汝知此腹中所貯何物？』對曰：『皆燕窩、魚翅也。』公笑叱曰：『惡何是言？』則又曰：『然則鴨子、火腿耳。』公乃大笑而起曰：『汝不知此中皆絕大經綸耶！』才官出語同曹曰：『何等金輪，能吞諸腹中，況又為絕大者耶！』」聞者咸捧腹。

這位材官老兄，錯將經綸與金輪混為一談，惹出個大笑話。此與西方人誤把左宗棠雞當成真正的湖南菜一樣，可謂「模糊顛倒」矣。不過，全美中餐館的業者，憑著自家的創意，加上因材施菜，結果變化萬端，滋味全改，究其實，實為適者生存，應該聽其自然，也唯有如此，才能成其大而就其深。不一定非得講求道地，強求一律不可。

所幸左宗棠雞除了在異域發揚光大外，而今在其原創地的台灣，仍篤守本味，雖精粗有別，卻八九不離十，同時亦廣受歡迎，成為一道赫赫有名的雞饌，與宮保雞丁齊名。它們非但已是家常菜的要角，而且目前川、湘菜館、簡餐店及自助餐廳等，處處皆可見其蹤跡。更何況當下要談左公事蹟，能知其詳者，恐不比識左宗棠雞滋味的人來得多。這等離譜情形，如說成是左宗棠雞比人驕，其誰曰不宜？

倒戈名菜紙包雞

　　倒戈的意思是指「言臨陣反戈自相攻殺」（見《辭海》），如講得白一點，就是「倒轉武器向自方攻擊」（見《辭源》）。原用之於兩軍對陣之時，現則適用範圍廣泛，凡選舉、政壇、意念等皆是。不過，它是一個負面詞句，一旦被人貼上個標籤後，就注定要「向下沉淪」，而且很難「向上提升」。因他已成牆頭草、騎牆派、靠邊站等的代言人。

▌倒戈將軍馮玉祥

　　一提到倒戈，放眼中國現代史上，沒人比得上馮玉祥，他也因而得到「倒戈將軍」的封號。馮氏之所以會有倒戈情節，實與其父馮有茂的際遇有關。

　　話說馮有茂乃安徽省巢縣人士。太平天國亂起，戰火波及家鄉，他在逃難時，不僅背負高齡老母，而且肩挑弟妹同行。自家人賴以保全不說，沿途還救下兩名與家人失散的少女，故有「義俠」之稱。在亂事結束後，他到一地主家幫傭，看到少爺們習武，他則趁空檔偷練，竟因而考上了武秀才。

◎ 馮玉祥

　　有了功名後，他在地方團練初試身手，因表現優異，得到某提督的賞識，引薦他加入淮軍。由於爲人正直，武藝紮實，照顧屬下，絕不擾民，故三十年來，一直深受著士卒的愛戴。

▍顛覆史名菜的馮玉祥

　　在從軍的這段時間，他先後參加剿捻、平回等戰役。尤其在關鍵戰的金積堡一役，特別驃悍，斬將搴旗，震懾叛軍。但馮有茂勇則勇矣，卻不喜歡逢迎，官運老是不濟。雖多次因功保舉虛銜，惟始終未獲實授。自同治十年（公元一八七一年）擔任哨長（排副）起，到光緒二十三年（公元一八九七年）才升上哨官（排長），前後竟達二十六年之久。

　　馮有茂的官運真有夠背，就在他升上哨官並兼營副那年的冬天，有次騎馬進城參加「上衙門」的例行聚會時，馬兒突然抓狂，把他摔成重傷。養病期間，慘遭裁撤，鬱鬱南歸。從此謝絕應酬，虔誠信奉佛教。待僅存的二子（他有五個小孩因衛生條件差而先後夭折）能夠自立，才得到他們

以甘旨奉養。

這位一生為淮軍奉獻，只當到芝麻綠豆職位的小軍官，萬萬想不到其次子馮玉祥全以他做榜樣，竟會在民國史上掀起軒然巨波，進而牽動全局。其殺傷力之大，實無與倫比。說來您可能不信，馮玉祥經常倒戈的重要原因之一，就是他每遇到當權派的「紅人」，總會拿來和自己的老爸比較一番。發現這些所謂的「大人物」，多半靠諂媚、拍馬攀升，且他們的所作所為，幾乎沒有可敬之處。因而「說大人則藐之」，一再向威權挑戰，他的這股意氣，表現在兩軍對陣上，因猛砍著「自己人」，更是所向披靡。

其實，馮玉祥並非光在陣前倒戈，還常「以武犯禁」，一遇不平事，即挺身而出。他另一著名的招牌則是簡樸，對奢靡之風，尤深惡痛絕。

民國十七年時，國民政府改組，為酬庸其戰功，特委請他擔任國民政府委員、行政院副院長兼軍政部部長。惟南京新政府浮華的習氣，跟他性子不合，顯得格格不入。經常信口批評，招致同僚反感。遂在無可奈何下，曾撰聯諷刺時政，聯云：

「三點鐘開會，五點鐘到齊，是否真正革命精神？
半桌子餅乾，一桌子水果，忘記前敵饑寒將士。」
橫批──「官僚舊樣」。

到了民國二十四年，馮出任軍事委員會副委員長一職。國父公子孫科向其索回放在他那裡已有十年之久的《建國大綱》手稿，並請其賜跋。馮氏寫畢奉還，孫科請他吃飯，他老兄即席表示「有人罵孫中山先生，就算

孫中山是有點革命癖，無論走到什麼地方，就是要革命，若是他的兒子孫科當了大總統，他也要革命的」，並且強調「在他人以爲是罵孫先生，其實孫先生的偉大，正是在此。一個革命者，只要看見統治者做得不對，就得革命，無論親人也好，長官也好……這些個人私情，一概都顧不得」。

馮氏這番「爲革命而革命」的「卓見」，搞得孫科七葷八素、哭笑不得。不過，席上的一道珍饈，卻讓他扳回些許顏面，心中暗爽不已。

當天除其他的盛饌外，另有名菜「紙包雞」。馮絕少參加應酬[1]，根本不識得此菜。但見他用筷子攏住，馬上就往嘴裡送，只是嚼了老半天，硬是不爛。這時候，一旁竊喜的孫科便告以品嚐此味，須先把外包的玻璃紙打開，才能好好享受。馮才恍然大悟，一時傳爲笑談。

有些餐廳老闆得知，便研究該如何改進食材，終於創造出以可食用的糯米紙（威化紙）取代過去不能吃的玻璃紙[2]。從此賓主省事，皆大歡喜。馮氏此舉，可謂功在食林。

由於馮氏此一「特殊」吃法，居然顛覆一個歷史名菜，雖有一點倒戈的味道，卻無半點倒戈的意思，稱得上是他的另類奇蹟。

梁啓超曾說過：「以今日之我向昨日之我戰。」它的意思和《易經》的「苟日新，日日新，又日新」如出一轍。馮玉祥出身行伍，環境惡劣，但他一直很努力，一再想改變現狀。曾說：「世上那件事不是慢慢練出來的，下一分功夫，即有一分效果。工夫下得愈深，則效果愈大。」他自己便是一個說到做到，終身奉行不渝的人。

---

[1] 他以刻苦勤儉著稱，嗜食大頭菜，會親自烙餅，在北伐之時，全吃大鍋飯，有遠客來訪，則招待「點心」，充其量，只是青蘿蔔數片而已。

[2] 玉扣紙。產自福建長汀，以竹子製成。

如他擔任旅長、駐軍常德時，除了軍事訓練外，另設「讀書講解會」，讓部屬選修一門外文課。他帶頭學習，從英文下手，每日苦讀兩小時，從未因有事間斷。每當他讀書時，必在門上懸一「馮玉祥死了」的木牌，停止辦公、見客。待其課業結束，才改懸「馮玉祥活了」的木牌。其堅忍卓絕的毅力，從這裡就可見一斑了。

　　然而，囿於時局見識，他雖努力不懈，卻不能改變「見山不是山，見水不是水」的思維模式，始終在迷宮裡打轉，一直衝撞不出。是以他能博得「模範軍閥」的美譽，只是底子裡依然跳脫不出軍閥的格局，倒戈無數，翻雲覆雨。

　　話說回來，紙包雞從初創至而今形式，也同馮玉祥般，一再顛覆思維。且其過程之轉折變化，實不下於馮氏生平。

▍為反對而反對的美味

　　紙包雞本為廣西省梧州市北山腳下同園「環翠樓」的招牌菜，創製人為其主廚官良。這「環翠樓」當時可是梧州的首席酒家，以不斷變換菜式、及抓得住老主顧的胃著稱。二〇年代初的某日，有個一向出手闊綽的財主登門。要求次日即能嚐到一款滋味絕佳的雞饌，不惜花費鉅金，但求與眾不同。

　　老闆接下生意後，官良經鎮日思索，選妥賀縣出產之骨細肥嫩、平胸肉厚的三黃雞。只用雞腿、雞翅，先行抽骨切塊，以麻油、蒜茸、生抽、白糖、薑汁、汾酒、八角、陳皮、胡椒粉、紅穀米、五香粉及醋等調成配料，把雞塊醃好拌勻，再用先炸過的玉扣紙，將雞塊一一包成荷包狀，然

◎ 紙包雞

後放在鍋裡，用六分熱的純花生油以文火慢炸，待其冒氣浮出油面後，撈出裝盤即成。

　　財主準時赴宴，雞塊隨即端出，一啓包紙，香飄滿室，金黃悅目；一送口中，軟滑鮮糯，齒頰留香。不覺大樂，打賞特豐。從此一躍而成「環翠樓」的鎮店之寶，只能在高檔筵席中嚐到。其後，官良應聘至粵西某大酒樓，由於經營者的手法不同，他便走平民路線，改以去頭、頸、爪的全雞製作，可以單點外賣。因為式樣新穎，頗受人們喜愛，名聲極為響亮。那時返鄉華僑，為使家人得嘗，紛紛用鐵罐焊裝此菜帶回僑居地。紙包雞因而在港、澳、星、馬、南洋等地大享盛名。據說它還是以罐頭方式製成的第一道中國菜哩！

　　一九九九年五月，我的作品《醉愛——品味收藏中國美酒的唯一選擇》[3]在「上海極品軒餐廳」舉辦發表會時，因米香型的白酒、尤其是桂林的三花酒最適合搭配紙包雞品嚐，故特地請老闆兼大師傅的陳力榮設法，製作一款別出心裁的另類紙包雞。主料除了原有的去骨雞肉外，另添切片的火腿、竹筍及花菇等，爽滑脆嫩兼具，湯汁鮮香醇厚，五味紛陳調和，

---

[3] 此書後來大幅改寫，易名《癮酒——頂級中國酒品鑑》，由麥田出版社出版；大陸部分，則由湖南嶽麓書社出版。

好到出人意表。它比起我早年在「敘香園餐廳」常吃的紙包龍蝦來，更顯搶眼且饒興味。

　　我有回在細品紙包雞的美味時，猛然想起金庸在《天龍八部》筆下的那位包不同兄。其「為反對而反對」的鮮明個性及強硬作風，每讓人印象深刻、回味無窮。只不知其創作的靈感，是否出自這位縱橫一世、流離一生的「倒戈將軍」呢？

佛將打響東安雞

「基督將軍」馮玉祥以倒戈著名，常翻雲雨，左右時局。足堪與之媲美的人物，首推曾右手捧如來佛、左手擁馬克斯的唐生智。此公反覆無常、興風作浪的本事，放眼中國現代史內，保證坐三望二搶第一。如單就飲饌這一角度來看，其一生最大的成就，應是把家鄉的東安雞發揚光大，進而成為舉世知名的湘菜之一。

▌以佛為帶兵信念的唐生智

唐生智，字孟瀟，湖南省東安縣人。祖父唐本有出身湘軍，擔任過廣西提督，此對他投身軍旅，實具有啟示作用。當他保定軍校第一期步科結業後，分發至湖南第一混成旅，從見習排長幹起，以後循年資戰功晉升。民國九年秋，已升任團長。當時湖南內部譚延闓、趙恆惕、程潛三派明爭暗鬥，結果趙恆惕出線，湘軍擴編為兩師、十獨立旅，唐升任第二師第二旅長，駐紮常德、澧縣。而這一命運上的巧妙安排，居然與他日後中心思想的建立，有著密不可分的關係。

原來馮玉祥部隊曾駐紮在桐油運銷中心的常德。在這期間內，馮對基

◎ 右手捧如來佛、
　左手擁馬克斯的唐生智

督教極為熱衷，並認定《聖經》是軍中教育最棒的教材，因而規定全軍必須做禮拜，藉以強化精神教育。同時，他對這一湘西商埠進行種種興革，贏得百姓尊敬。是以唐第二年擢升第四師師長、駐守衡陽之時，由於掌控湖南二十餘縣，財賦充裕，地盤廣大，便起了據地自雄的念頭。既有地利，更求人和，馮的一些舉措，即是最佳範本，但他又不願蹈襲前人，想要獨樹一格，於是以在中國歷史更久、影響更大的佛教，當成軍中精神教育的支柱，增強軍隊力量，且為進一步結合軍民預作準備，乃四處托人遍訪佛門大師，擬重金禮聘前來說法，搞得佛教界沸沸揚揚。

　　然而，佛教教義清規和唐片面想法大不相同，高僧名師當然不屑與之為伍，故一直沒有進展。後經湘紳傅梅羹推介，延聘了在揚州信奉密宗的居士顧子同。顧能言善辯且諳政治藝術，與唐一見，即結生死不解之緣。唐特尊稱其為「老師」，並勒令部屬見顧須行尊禮，如敬自己一般。顧子同遂常為唐部官兵說佛法，更以「扶乩」、「傳誡」等方式為唐決疑定計。

　　此外，顧可巡行湖南各地，軍政官吏均奉之唯謹，不敢怠慢「貴人」。因他可用某人之「宿根」如何，即向唐進言，並定其升降去留。同時，唐又令所部官兵全部佩帶「大慈大悲救人救世」胸章，企圖改變他們

的心理，奉勇敢犧牲為圭臬，而非為長官爭權奪利。

只是顧君其時不過四十來歲，攜一妻一妾至此，吃、喝、嫖、賭樣樣俱全，十足是個「酒肉和尚」。且一再號稱能知過去未來，遍收男女信徒，生活頗不檢點。因此，市民和官兵暗地裡喊他「顧和尚」，貶義相當明顯。

顧子同最拿手的絕活，乃是唐氏家中閨闈之私，他非但巨細皆知，竟熟到如數家珍。因此，唐生智將他當成活佛看待。關於此點，李宗仁始終不以為然，認為他只不過「是一能幹的偵探」。

唐常自言從古至今，所有偉大的英雄豪傑，全是由「殺人如麻、揮金如土」所達成的，縱觀其一生，確亦在努力實踐此八字訣。因而，他在顧子同的襄贊下，覷準南京，幾進幾出，終釀巨禍。但家鄉平凡的一道醋雞，卻因而在南京大大地露臉，這種種特殊機緣，相信必是他所始料未及的。

民國十四年八月十四日，北伐軍總司令蔣中正檢閱第七、第八軍的墜馬事件[1]，替顧老師製造了「建言」機會，據說他即向唐生智表示，蔣氏此番北伐，凶多吉少，尤其是過不了第八軍（軍長為唐生智）這一關，將來必被第八軍克服，既然「彼可取而代之」，應好自為之。唐謹記在心，終在寧漢分裂時，高舉反幟，率爾「東征」。

原來北伐軍從兩廣出發時，計有八個軍。寧漢分裂時，除第五軍留守廣東外，駐紮在長江中、下游的七個軍，第一、七軍隸屬南京方面；歸屬

---

[1] 當第七軍檢閱完畢，第八軍排頭的軍樂隊號角齊鳴之際，總司令的坐騎受此一驚，忽然大嘶一聲，前蹄高舉，繼而狂奔。蔣中正勒轡不住，失去重心，翻鞍墜地，狼狽不堪；後徒步閱兵，一顛一跛，勉強完成。

武漢的有第二、三、四、六、八各軍，實力是二比五，南京居於劣勢。而歸屬武漢的各軍，又以唐生智的第八軍最爲兵多將廣，已居統帥地位。

當時蔣中正仍是國民革命軍總司令，如果東征摺倒蔣氏，則總司令一職非唐莫屬。因此，他與蔣的頭號政敵汪精衛及欲報蔣「中山艦事件」（十五年三月廿日蔣在廣東掀起的「政變」及反共行動）之恨的鮑羅廷同一鼻孔出氣，均主張東征，以「收復」南京。

東征軍的總司令自然是唐生智，下轄兩個方面軍，唐自兼一方面軍總指揮，配屬八、三十五及三十六軍，二方面軍總指揮爲張發奎，率四、十一、二十各軍。孰料布署甫定，東征主力的三十五軍何鍵部，忽發動兵諫，查封赤色工會，發表反共宣言，要求武漢當局「明令與共黨分離」，並聲言不分共即不東征。汪精衛迫於形勢，只得於七月中旬，先一步實行「分共」，武漢政府遂陷分崩離析狀態，東征亦隨之頓挫。可是權慾熏心的唐生智仍堅持東征，並私聯孫傳芳協攻南京。

八月下旬，寧漢醞釀復合，蔣氏宣布下野。在魯南、蘇北反攻得手的孫傳芳，乘機率兵偷渡長江，孤注一擲，反撲南京。龍潭一役，孫部大潰，殲俘近五萬人。唐則遣劉興、何鍵兩軍進入皖境，並任命何鍵爲安徽省政府主席，使南京任命的陳調元無法就職，割據之心，昭然若揭。

十月二十日，南京當局忍無可忍，明令申討唐通敵叛黨罪，派李宗仁、程潛等率軍「西征」討逆。李濟琛、馮玉祥亦分別在粵、豫支持西征。故戰爭未爆發，唐即完全陷於孤立。待西征軍一進發，何鍵部在皖境不戰自退，劉興部跟著乘船西上。面對此一瓦解之勢，唐遂黯然下野，所部十餘萬衆，全被桂系（李宗仁、白崇禧等）所併。

唐生智下野後，初擬赴瑞士遨遊，嗣因時間不允許，乃包下輪船，與

顧子同等直航日本。十七日抵達鹿兒島市。不料幾天後，被當地中國留學生發現，群往下塌旅館辱罵，責其製造內戰。亡命異國尙遭此厄，唐極爲難堪，乃移往別府，深居簡出。在百無聊賴下，常找顧子同扶乩、卜卦，問其前途及出處休咎。

這回顧謹愼準確多了。民國十七年秋，顧謂時機將至，唐則於暮冬轉往香港，預作打算。且一再親函何成濬等，誓言服從蔣總司令命令，保證「有生之年，不再反覆」。

十八年二月，李宗仁遣軍至湘，以武力更換湖南省政府主席，企圖將兩廣、兩湖聯成一氣，威脅南京。同時，白崇禧亦擬率第四集團軍自津浦線南下攻取京、滬。蔣爲釜底抽薪，起用唐安撫其湘軍舊部，使不爲李、白所用，並資重賞收買人心，白崇禧措手不及，只得悄然離去。對唐生智而言，已報李、白西征之仇。

只是唐生智仍不安分，在中原大戰前，即使蔣中正電令平漢線北段各軍統歸唐指揮，電文上更云：「即本總司令亦惟唐總指揮之意見是從」。唐部軍餉亦從優加發，禮遇及寵信臻於極點。但唐還想割據自雄，乘虛直趨武漢。最可惱的是顧子同占卜爲他選定的總攻擊吉日良辰（十二月二十七日），當天卻突來一陣數年罕見的大風雪，雖一再增援，卻難挽頹勢，只得二度下野，輾轉回到香港。

「爲不智所誤」（何應欽語）的唐生智在此次徹底輸光其政治資本後，在國內政治上已淪爲配角，只得先後擔任軍事參議院院長及訓練總監部總監等閒差。

二十四年四月，獲晉升爲陸軍上將。就在歡宴慶祝時，賓客吃到醋雞一味，無不覺其色艷味醇，由於從未吃過，紛紛詢其菜名。唐覺其名不

雅，腦中靈光一閃，以家鄉名稱雞，便說此是「東安雞」，請諸位放懷大嚼。東安雞遂在其急中生智下，成為流行南京的一道湘菜，鋒頭極健。

唐接著擔任軍事委員會執行部主任、軍委會第一廳主任，仍兼訓練總監部總監，縱使未握實權，尚屬炙手可熱，堪稱風光一時。

民國二十六年，中日戰爭爆發，自上海撤退後，南京隨即告危，唐生智因顧子同解說其前世為「金陵王」，且占卜的結果，居然是日本占領上海後不會西進，唐遂自告奮勇，出任首都衛戍司令。設司令部於丁家橋百子亭，指揮孫元良、宋希濂、鄭洞國等部十餘萬人，聲言死守南京，特印的告守城將士書云：「楚項羽八千子弟，無一生還；齊田橫五百義士，同時畢命。」慷慨激昂，意氣悲壯。沒想到蔣委員長離南京飛漢口五日後，身為南京首腦的唐即腳底抹油、逃之夭夭，南京遂告淪陷，軍民慘遭屠殺。此金陵王竟是「五日京兆」，其愚誠不可及。

人品極為人不齒的唐生智，後來投共，擔任過湖南省副省長等職務。我政府更以唐劣績昭彰，復於四十二年十二月十一日，由最高法院檢察署下令通緝，務獲歸案法辦。與此同時，其弟亦大義滅親，列舉他「採陰補陽」，蹂躪鄉中少女；魚肉人民，欺壓地方百姓……等八大罪狀。中共當局將原訴控狀交唐，命他自己坦白狀供。其時，顧子同已寓居香港，唐這回走倒楣運，少了他的扶乩、占卜解疑，內心之不踏實，自不在話下。

▌不需濃妝艷抹的清爽東安雞

言歸正傳，現在且談談那道不加裝飾而質樸清新，不掛漿汁而細嫩軟滑，不下豉醬而鮮美醇正的東安雞。

原名醋雞的東安雞，據東安人士的說法，早在唐玄宗開元年間（公元七一三年到七四一年），當地即有此饌，且是逢年過節，喜慶宴客的席上之珍，它之所以改名東安雞，除唐生智急中生智外，尚有因清末湘軍悍將席保田而得名的說法，但研究飲饌者，多主前說。其製法是將肥嫩的仔母雞整治洗淨後，置湯鍋煮至六分熟（約十分鐘）撈出，啟肉去骨，再順肉紋切成長五公分、寬一點三公分的條狀；接著把薑切絲，乾紅椒切細末，花椒子拍碎，蔥切寸段，鐵鍋加油燒至七成熱，下雞條、薑絲、乾紅椒末煸炒，再放黃醋、料酒、精鹽、花椒子合炒，並置肉清湯略燜，至湯汁收乾，隨即入蔥段，炒勻裝盤即成。

　　此菜妙在紅、白、黃、綠四色相互襯映，色調清新素雅，雞肉細嫩無渣，味道酸辣鮮香。難怪一九七二年二月，美國總統尼克森訪問大陸初嚐此菜時，即驚為天下美味，返國後還大肆讚揚呢！

　　隨著湘菜在台灣的沒落，東安雞也跟著隱而不彰了。美食家逯耀東即曾寫道：「一日與朋友飯於『彭園』。以彭長貴為名的『彭園』，得譚延闓先生家傳，號稱湘菜正宗。我問那點菜的領班，可有東安雞？那狀似聰明的領班，竟嗤之以鼻說，這菜已落伍，他們早就不做了。」猶記得十八年前，我曾與幾個好吃的朋友，相偕到台北市羅斯福路上一老字號的湘菜館「天然臺餐廳」用餐，除點該店招牌的左宗棠雞外，另點東安雞一味佐酒。

　　菜端上來後，但見紅白黃四色雖全，但紅的是鮮紅辣椒絲，白的雞肉塊塊帶骨，青的蔥亦是切絲，與黃薑絲倒是絲絲入扣，攪亂成一大團，看了倒盡胃口。從此之後，不曾也不敢再點這道飲譽三湘的佳肴了。

　　號稱太平天國翼王石達開轉世的唐生智，於一九七〇年四月六日，因罹患腸癌，在長沙逝世。這位一生失敗多於成功，破壞多於建設的將軍，

◎ 東安雞

其實是有自知之明的。早在民國二十年十月下旬時，他與汪精衛、張發奎、黃紹竑等自廣州搭乘輪船前往上海。途中曾遇暴風，輪船顛動不已。唐、黃等相互謔笑：「如果輪船翻覆，我們這一行人都葬身魚腹，中國從此可能太平！」果真如此，尼克森鐵定吃不到此一味美絕倫的東安雞啦！

美味卻思叫化雞

常熟名菜叫化雞是一道很有意思的佳肴，關於它的由來、發揚、傳承及演變等，一直都充滿著變數和趣味，讓人在驚艷之餘，更油興大快朵頤的超勁爆快感。

┃叫化子的美味烹調手法

顧名思義，叫化雞必緣自叫化子燒雞而食的獨特手法。曾鬧三胞案的常熟「山景園」、常熟「王四酒家」和杭州的「樓外樓」三家餐廳，對叫化雞由來的說法，基本上一致，內容不外是——相傳明、清時候，有個住在破廟裡的叫化子，於某日清晨，見廟外有黃鼠狼銜著母雞經過，雞仍在垂死掙扎。叫化子立刻曳出打狗棒，正好打在黃鼠狼的脖子上，黃鼠狼吃痛，丟下雞一溜煙的逃走了。

叫化子得雞後，心中大喜。苦無炊具、調料，忽然靈機一動，想出燒雞之法。在宰殺去臟後，帶毛塗上泥巴，放在柴火堆中煨烤，熟後敲去泥殼，雞毛隨殼而脫，立即送口大嚼。故事發展至此，本可告一段落。

這時候，突然有位大學者路過，於是出現兩個版本，通說是錢謙益，

一說是翁同龢。他老兄（指二人其中之一）取其雞肉而嚐，覺其甚有風味。錢謙益歸家後，立刻命家廚稍加調味、如法炮製，更感滋味鮮美，遂成錢府名菜。翁同龢則將此方法告訴常熟虞山興福寺旁的「王四酒家」，「並命廚下加蔥、薑、鹽、丁香、八角等十二種調料，用網油緊裹雞身，再以荷葉包裹，外塗紹興酒罈用的黃泥，入火煨烤，翁氏並親筆題書『叫化雞』，成爲王四酒家的名餚」[1]。

有關此人是翁同龢的說法，我覺得不可盡信。原因是「王四酒家」雖創於清德宗光緒十三年（公元一八八七年），但它起初只是常熟北郊齊梁古剎「興福寺」附近的村人王祖康開的小酒店，專賣採自虞山腳下的「舜過泉」所釀製之香甜醇厚的老白酒，另備些豆腐乾、五香豆、炒螺螄等爲下酒菜，藉以招徠附近的一些山農休憩小飲。

後來遊覽「興福寺」的人漸多，遊客在飽覽虞山的風光後，常到這間竹籬茅舍的小酒肆落腳小酌。王祖康（因排行第四，人稱王四）勤勞精明，很會燒菜，便選用林中小鳥、山間野味、河塘魚蝦、宅邊春筍及家中飼養的雞、鴨等，烹成道道佳肴，正因別有風味，逐漸打響名號。

到了民國初年，詩人易君左（著有《閑話揚州》等）於暢遊虞山之餘，到此店品嚐後，嘖嘖稱讚，即興賦詩，云：「江山最愛是才人，心自能空尚有亭。王四酒家風味美，黃雞白酒嫩菠青。」王四欣然懸詩於壁，鄉里紳士的顧興，也特地贈他隸書金字的「王四酒家」招牌。從此之後，「王四酒家」聲譽大振，賓客雲集，熱鬧非凡。

何況，帝師翁同龢於光緒二十四年（公元一八九八年）六月十五日被

---

[1] 翁同龢部分，載於逯耀東的《肚大能容》。

革職回籍不久，戊戌政變突發，慈禧即傳諭地方官對翁「革職永不敘用，交地方官嚴加管束，不准滋生事端。」此時翁的心情一如驚弓之鳥，其恐怖、驚惶，可想而知。

此外，他在居處取名「瓶廬」，自稱「瓶生」，更表白自己將守口如瓶，不會再「滋生事端」。加上他於六年後謝世，此時民國尚未肇建，「王四酒家」也沒個譜兒。之所以會有此一傳聞，應是「王四酒家」的叫化雞為了和正宗的「山景園」一別苗頭，自行杜撰出的詞兒，可信度應該不高才是。

名妓與文壇風流教主的相遇

現在再來談談錢謙益和叫化雞之間的關聯吧！

錢謙益和江南四大名妓之一的柳如是間的遇合，一直是文壇上的熱門話題。話說柳如是這位妓中花魁，落難在橫雲山幽居時，深知欲全身遠禍，只能依附權勢熏天、炙手可熱之人。但她素鄙權貴，只喜才儒，放眼當時，兼備二者的人，屈指算來，實在寥寥無幾。

這時候，正是錢謙益一生之中最意氣風發的時刻。他同時在江南擁有兩頂桂冠，一頂是「文壇領袖」，另一頂則是「風流教主」，意即在文壇和妓館中並稱魁首。明思宗崇禎十二年（公元一六三九年）二月間，兩人首度在酒會上結識，彼此印象深刻，以後則常以詩文互贈。第二年十一月間，柳如是為擺脫眼前困境，乃輕舟簡裝，出現於錢謙益居住的「半野堂」中。已屆花甲之年的錢對她「幅巾（儒巾）弓鞋（小腳），著男子服，神情灑落，有林下（隱士）風」的穿戴舉止，大為傾倒。在得悉她的

◎ 柳如是與錢謙益這場驚天動地的婚禮，
不正像吃叫化雞時，先敲開泥殼，接著
滿室飄香、味道美不勝收

來意後，不由喜形於色，賦詩誌喜，詩云：「老大聊爲秉燭遊，青春渾似在紅樓。買回世上千金笑，送盡生年百歲憂。」可謂是其此時心痴如醉的真實寫照。

有趣的是，錢謙益現已「黝顏鮐背，髮已皤然」，貌似傳說中的捉妖道士鍾馗。柳如是僅二十三歲，「盛鬋堆鴉，凝脂競體」，宛若仙女一般，看起來實在很不搭調。一日，錢凝神看她良久，笑道：「我愛妳烏個頭髮白個肉。」柳如是立即反唇譏說：「我愛你白個頭髮烏個肉。」此事後來不脛而走，並被時人傳爲笑柄。

爲了迎娶柳如是入門，錢謙益使出渾身解數。迎娶當天，葺城的士紳百姓聽說錢大學士在彩船上娶親，紛紛趕至岸邊看熱鬧，觀者如堵，人聲鼎沸。錢謙益峨冠博帶，在岸上設宴招待四方來賓，滿面春風，應接不暇。過沒多久，駛來一艘畫舫，船上簫鼓遏雲，蘭香襲岸，船內即端坐著新娘柳如是。此時眾賓客還不知新娘名姓，錢對大家的詢問也微笑不語。直到他在喧天的鼓樂聲和賀喜聲中登上畫舫後，才吐露新娘姓名。霎時

間，士紳大譁，百姓笑鬧，官吏們更是驚恐震怒，認為錢以大禮迎娶妓女，不僅「褻朝廷之名器，傷士大夫之傳統」，而且將士紳及官吏們騙來賀婚，等於間接承認這場婚事的合法性。於是個個大呼上當，揮拳示威，無奈船已離岸，緩緩沿岸行去，追之已然不及。

眾人不甘受騙，紛紛取石揀瓦，憤而擲向彩船，一時石塊如雨，淹沒了鞭炮聲。舟內則行禮如儀，錢意氣風發，吮毫濡墨，即興寫下數首〈催妝詩〉。柳對岸上叫罵不屑一顧，安坐妝台前精心描飾，然後在艙內與老夫君參拜成婚。此時，船上載滿瓦礫石塊，一時傳為奇人奇事。

錢謙益這齣破家毀譽、「禮同正嫡」的驚世駭俗行為，果然擄獲美人芳心。難怪她在錢另外起造的「絳雲樓」品嚐這款叫化雞時，不覺口吟：「寧食虞山叫化雞，不吃淞江富貴魚。」由於對仗工整，語意雙關，遂成千古名句。

話說回來，錢、柳這場驚天動地的婚禮，不正像吃叫化雞時，先敲開泥殼，接著滿室飄香、味道美不勝收嗎？

▌美國前總統尼克森也大聲叫好

「山景園」的叫化雞今已取得本尊地位，應是無庸置疑的。此菜館於光緒十六年（公元一八九○年），初由黃培章等合股開設，後由精明強幹的周潤生獨自經營。其叫化雞之所以冠絕一時，乃是名廚朱阿二對其製作，做了進一步的改進，增添了許多調輔料，因而贏得眾多食客的讚賞，名聲遠揚。二十世紀五○年代，它即在北京舉辦的中國食品展覽會上大大露臉。到了一九七三年，師承朱阿二的「山景園」老廚師周增興，奉命前

往北京的國際俱樂部，承辦高檔宴席。他所製作的叫化雞，連美國前總統尼克森食罷，都忍不住大聲叫好，喝采連連。周逐被譽爲「叫化雞狀元」，有名於時。

據該菜館的一級廚師徐震國敘述，始知其叫化雞的製作，的確相當考究。所選的雞，必爲常熟虞山特產的頭小體大、肥壯細嫩、重約一公斤半的母三黃雞。先將光雞洗淨，依次用刀背敲斷雞翅骨、腿骨、頸骨（不能破皮），放入缽內，加醬油、黃酒、精鹽抹匀，醃一小時取出。把丁香、八角全碾成末，與草果末和匀，擦抹雞身。隨即取炒鍋上火，舀些熟豬油，燒到五成熱時，放入蔥花、薑米、八角煸炒，接著放入蝦仁、豬肉丁、雞肫丁、火腿丁、干貝絲、香菇丁炒匀，澆些黃酒，再添醬油、白果炒至斷生，即爲餡料。待餡兒晾涼後，將餡料從雞腋下刀口填入雞腹，並把雞頭塞入刀口處，兩腋各放一粒丁香夾住，以豬網油緊包雞身，先用荷葉包裹，再用玻璃紙包一層，末了，再包一層荷葉。然後用細麻繩捆紮成長圓形狀，此爲第一步。

接著將罈泥碾成粉，加清水拌和，平攤在厚約一點五公分的濕布上，再將已捆紮好的雞放在黃泥正中，把濕布的四角拎起緊包，其目的在使泥緊緊黏牢。然後揭去濕布，再以包裝紙緊緊包裹，此爲第二步。

最後將此泥裹雞放入烤箱，用高溫烤約四十分鐘，視泥乾裂狀況，以泥補糊縫上，再用高溫烤半小時，改用中火續烤八十分鐘，然後低溫烤個一百分鐘[2]，才算大功告成。

而在享用時，整個端上桌，先敲掉泥塊，再解開細繩，逐一揭去荷

---

[2] 文火烤時，每間隔二十分鐘，即要翻一次身。

葉、玻璃紙，淋上些許麻油，即聞異香撲鼻，可以放懷大嚼。

此菜妙在打開之後，滿室瀰漫香氣，入口酥爛肥嫩，若搭配蔥白、甜麵醬佐食，風味更佳。有人認為：此時斟上一杯加飯酒，配以「山景園」傳統名菜炒血糯、清蒸桂魚、塘魚雪菜湯而食，兼眺窗外滿眼虞山秀色，乃人生一大享受。

而今當地民眾仍會在元旦（指年初一）前夕，購買「山景園」以泥巴緊裹、上覆一方紅紙的叫化雞，用根草繩一紮，提著走在街上，充作饋贈親友的禮品。

「王四酒家」的三黃雞製作亦精，過程大同小異，配料大致相當，亦很膾炙人口。現已在蘇州的太監弄開設分店。逯耀東教授曾在雨中遊罷「拙政園」，中午便在此用餐，叫了「一席蘇州春天的時菜」，其中即有叫化雞一味。品嚐之後，他認為「的確與眾不同，雞腹中的塞料已與煨雞合而為一，合眾味成一味，軟糯香醇，……。」而且「杭州「樓外樓」的叫化子雞，是不可相提並論的。」

至於杭州的「樓外樓」，它會賣叫化子雞，又是怎麼一回事呢？經大陸食界查證，原來有一常熟到此服務的廚師，擅燒叫化雞。後來中共當局在編各地的名菜譜時，誤將之編入《浙江名菜譜》中，於是它改頭換面，不但變成浙江菜，而且為了區隔，更易名為「叫化童雞」。

叫化童雞別出心裁，其內餡只是煸透的蔥絲、豬肉絲，但外裹的黃泥除酒罈爛泥外，尚有紹酒沉渣、粗鹽。品嚐時則隨帶花椒鹽蘸食。由於雞用良種越雞、荷葉用西湖產的、酒則出自紹興，有其獨特滋味，遂成旅杭遊客的必備佳肴。

逯教授曾說：他早年「初食叫化雞，在香港『天香樓』。點了一味叫

化雞，等到上菜，二侍者抬一火盆上來，其中載一泥裏的叫化雞，心想糟了，當時正在新亞研究所當學生，苦學生的口袋沒有多少錢。於是，我又點了一味蟹粉蹄筋，對同座的同學說我出去一會，於是，出門乘計程車回學校借錢，回來才算帳出門。同來的那位同學，出門直說好吃，我卻不知其味。」

就在二〇〇八年底，壹傳媒董事長黎智英先生在香港「天香樓」設席，宴請趨勢大師詹宏志先生所率領的「飯團」，我亦叨陪末座。此宴因黎先生親自坐鎮，打賞闊綽，廚房自然抖擻精神，使出渾身解數，道道精采，自不待言。其中的叫化雞，仍守古法，由二侍者抬來火盆，其上乃泥裏的叫化雞。待侍者敲開泥封，逐一揭去荷葉、玻璃紙後，即聞撲鼻異香，食指馬上大動。逐一邊品享雞肉，滑腴而嫩，食之無渣；一邊則啜飲花雕，濃醇爽鮮，馨香順喉。這等上好口福，還眞不是蓋的。

除在「天香樓」嚐的叫化雞外，拜逯老師之賜，我亦吃過頗滿意的叫化雞。有次，他邀宴於「天然台湘菜餐廳」，特請老闆精心製作。但見選的是烏骨土雞，腹內填滿各料，灑一些破布子（即樹果）於其外，先取玻璃紙包好，再裹以荷葉，用泥封好，然後烘透。吃前先敲碎封泥，逐一開啓荷葉、玻璃紙，原隻托盤呈現，汁收味足，料繁噴香，鮮嫩可口。

至於早年台北的江浙館子中，以位於峨嵋街的「天福樓」最會燒製叫化雞，現已不復當年。前在永和的「上海小館」，曾嚐到馮老闆別出心裁所特製的叫化雞腿，味道相當不錯。他在製作時，取十二隻雞腿，先以調料醃製，接著用錫紙包裹，外層再包荷葉，最後以泥封之。吃法大同小異，但因只食雞腿，抓在手中大嚼，也算頗有異趣。

◎ 叫化雞吃前先敲碎封泥，逐一
開啓荷葉、玻璃紙，原隻托盤
呈現，汁收味足，料繁噴香，
鮮嫩可口

　　然而，戲法雖然人人會變，但萬變絕不能離其宗。否則，就是個四不
像，徒然貽笑大方，鬧成國際笑話。已故的中國美食名家唐振常即舉「澳
洲談吃」之例以明之。他指出：「一次，這裏的澳中理事會在坎培拉的上
海酒店宴請中國新聞代表團，席間，有叫化雞一菜，用錫紙裹好，澆好
酒精，點火一燒。我吃了一塊，不敢動第二箸。澳洲雞不鮮不嫩，不宜
烘烤倒是其次，用錫紙裹以代替泥封，恐怕再好的雞也不會燒出好味道
來。」他後來才聽「餐館人員說，他們（指澳洲食客）嫌泥髒，所以改
用錫紙。」接著他發出浩嘆，感慨地說：「可是，他們卻不知道，不用泥
封，就沒有叫化雞了。」

　　唐老對此亂變一通甚感無奈，他尚不知咱台灣的業者早就著手改
「進」了。由於叫化雞這名字口采不好，不能登大雅之堂。於是，老早就
易名「教化雞」或「富貴雞」啦！畢竟名字俗氣且與原意相忤，又遠不如
叫化雞來得生動有趣，但不愛富貴者幾希，是以其分身的名號早已凌駕於
本尊之上了。

現在的一些餐飲業者，只圖省事好賺，罕有務實崇本之人。於是賣叫化雞的，在改叫富貴雞後，做法跟著質變，完全不用泥封，只用錫紙包裹，形成「富貴」菜系，算是自成一格。我曾在新店的「國際學舍餐廳」吃過一款「富貴牛三件」的菜肴。此牛三件分別是牛肚、牛筋、牛腱，烤得很透，味道不錯，堪稱錫紙包裹的上品，但其原本之創意卻蕩然無存了。思之不覺憮然。

　　記得有一名王侯者，在吃過叫化雞後，賦詩云：「五侯宅第庖廚盛，美味卻思叫化雞。」洵為知味之言，理當記上一筆。

宮保雞丁噴鼻香

《清史稿》列傳二百三十四丁寶楨傳中記載：「其誅安德海事，尤著人口。」但就中國的飲食史上觀之，他老兄最膾炙人口的，應是出自丁府的「宮保雞丁」。此荣影響之深遠，早超過一個世紀。

斬安德海[1]一事，雖非丁寶楨一生最大的功業，卻是讓他「中外欽服」（翁同龢語）的一大壯舉。這可從《庸盦文集》中的兩則故事瞧出端倪，其一是「命既下，天下交口稱頌，伯相合肥李公（指李鴻章，受封伯爵）閱邸鈔，矍然起，傳示幕客曰：『稚璜（丁寶楨字）成名矣！』」；其二則是「曾文正語福成曰：『吾目疾已數月，聞是事，積翳為之一開，稚璜眞豪傑士也』。」

▌權傾一時安二爺

安德海，一名安得海，直隸南皮（今河北省南皮縣）人，在家排行第二，於入宮得勢後，人稱其「安二爺」。他之所以權傾一時，歸納之後，主要原因有三：

---

[1] 翁同龢於同治八年八月初六日所寫日記及薛福成《庸盦文集》內均寫「得」字，與正史不同。

第一為來自天賦。由於他年少好學，聰明伶俐，淨身入宮後，很快便能掌握叩頭、請安等一系列宮廷禮儀，而且「藝術精巧，知書能文」，懂得「過從問學，殷殷請益」，因此，「久而斐然，出諸閹上，能讀《論》、《孟》諸經」，表現可圈可點。文宗便選他為御前太監，成為明日之星，當時他還未滿二十歲。由於寵信有加，每召幸諸嬪妃，都是由他傳諭，堪稱炙手可熱。

第二乃機緣湊巧。文宗賓天之後，兩宮太后奪權，誅殺顧命大臣，史稱「辛酉政變」。安得海因穿針引線，立下汗馬功勞，旋被慈禧破格拔擢為總管太監。

第三則是因勢利導。安得海躍居太監的龍頭後，傾心依附慈禧。《清代野史》稱他「以柔媚得西太后歡，語無不納。厥後遂干預政事，納賄招權，肆無忌憚」。

小人得勢之後，常忘了我是誰，安得海也一樣，居然到了「晚年勢張甚，中外傾慕，欲一見顏色」的地步。這等跋扈囂張，自然引起慈安太后和議政王恭親王奕訢的不滿，但他有恃無恐，依然故我，一再與奕訢為難，致雙方時有磨擦。此時慈禧尚未完全掌控朝政，凡事仍需與慈安太后商量，且助他發動政變的奕訢，勢力不容小覷。為了長遠之計，慈禧令安得海「暫引去，以自遠禍」。

安得海「遂自荐，請衛侍沖主（即小皇帝），外取自退之名，陰為自尊之舉。嘗自稱太子伴讀，以比先代名儒」（見《清稗類鈔》）這一招很高明，既避眼前之禍，又舖來日之路，而且可以養望，可謂一舉三得。然而，他不甘就此雌伏，仍興風作浪不已。

由於奕訢權勢大增，日益威脅慈禧對朝政的控制，加上安得海不斷下藥、挑撥離間。慈禧終於先發制人，於同治四年（公元一八六五年）三月，藉編修蔡壽祺彈劾奕訢貪墨、驕盈、攬權、徇私的機會，革去奕訢一切差使。但在一些親王和大臣上疏力爭下，慈禧只得讓步，恢復其軍機大臣等職務，卻削除其實權及議政王之稱號。樑子結得太深，導致日後殺機。

此外，安得海得意忘形，甚至不把小皇帝放在眼裡，常在慈禧前給同治穿小鞋，導致屢被責罰。同治恨之入骨，「於宮中時以小刀斷泥人首」，別人問時，則說「殺小安子」[2]。

人總是飽暖思淫慾的。小安子在宮中作威作福、大飽私囊之餘，猶不自足，還想另闢管道，多找些門路上下其手，並且風光風光。乃向慈禧進言，謂皇帝大婚將屆，應派人赴江南採辦龍袍[3]，並且毛遂自薦，願意前往效力，順便搜刮珍寶，孝敬太后栽培。慈禧起初即以祖制「太監不許出京，違者立斬」，不肯應允，但拗不過他再三的巧言慫恿，終於默許。同時也囑咐他保持低調，出京後要盡量隱密行蹤，不得張揚招搖。

安得海如願後，遂奉「懿旨」出京南下。

同治八年七月初六，安得海的「採辦」行列出發，攜帶隨從六十九人，由通州雇太平船二艘、小舟數隻，沿運河南下。前行的太平船上插起「奉旨欽差採辦龍袍」字樣的大旗二面，三足小鳳凰旗六面，迎風招展，好不威風。沿途很不安分，雇覓歌妓上船，日夜唱曲取樂，極盡招搖能事。

---

2 小安子乃慈禧對安得海的稱呼。
3 江南以絲織品甲天下。

◎ 勇於任事的丁寶楨

　　七月二十一日，船抵山東德州，正逢安某生日，一干隨行男女，全向安得海羅拜，品竹調絲，設宴賀壽，飲酒作樂，好不快活。整整鬧了一日，兩岸觀者如堵，指指點點，嘖嘖稱奇。

　　德州知州趙新見狀，立刻密報巡撫丁寶楨。趙新深知安得海紅極一時，絕非等閒之輩，又恐巡撫不願負責，自己亦難脫干係，為甩脫燙手山芋，在與師爺商議後，以非正式公文的「夾單」密稟。因為「用夾單密稟，意謂丁如不參奏，則夾單非例行公事可比，既不存卷，安德海斷不知之；若參奏，則禍福丁自當之，與地方官無涉也」4。

　　丁寶楨勇於任事，才不理會這些，得密報後，一方面以四百里加急專摺飛奏朝廷，表明「太監自稱奉旨差遣，招搖煽惑，真偽不辨，現飭查拿審辦」；另方面密令東昌府知府程繩武，濟寧州知州王錫麟尾隨跟蹤，相機行事。

4　見《清稗類鈔》。

專摺送抵朝廷，慈禧正在病中，同治便與慈安太后召見奕訢，命其與軍機處、內務府大臣議定奏聞。安德海既是慈禧心腹，懂風向的自爲其開脫，同治異常氣憤，聲稱：「此曹如此，該殺之至。」隨即召見軍機大臣商議處置意見。經過一番爭辯，軍機處遂擬旨，以六百里飛遞直隸、兩江、江蘇、山東督撫與與漕運總督，令他們「迅速派委幹員，於所屬地方將六品藍翎安姓太監嚴密查訊，令隨從人等指證確實，毋庸審訊，即行就地正法。」而且「不准任其狡飾，倘有疏縱，惟該督撫是問」。

正在安樂窩中滋擾地方的安得海，豈知禍在眉睫？一行人到達臨清後，因運河水淺，不便行船，改走陸路，由臨清、東昌至汶上、寧陽，再從寧陽折回泰安。八月初二日，在泰安縣南關，被知縣何毓福設酒食誘獲，押解回濟南省城。另，從他的貼身包袋內搜出關說文件二紙，又在其隨身的衣箱中發現龍袍一領及一些搜刮來的奇珍異寶。

安得海初見丁寶楨時，起先還聲色俱厲、大言不慚地說：「汝輩自速辜耳！」丁寶楨成竹在胸，根本不理會他的虛言恫嚇，一上來嚴詞詰責，並擺出大刑伺候。這下子，安才知落入虎口，在劫難逃，終於「形色惶恐，俯首無詞，自稱該死」。

初六日，丁寶楨接到朝廷密諭，翌晨即飭委兼署臬司潘蔚，參將緒承及濟南府、縣等，將安得海由牢內提出，就地正法，並懸裸屍於濟南城三日，以昭王法。這一玩法弄權、擅作威福、權勢薰天、舉國側目的權閹，終於一命嗚呼，死時僅二十六歲。

丁宮保發揚光大中國菜

薛福成盛稱丁寶楨此一舉措爲「不世之業也，其難如平一劇寇尤高」。殊不知丁宮保（寶楨在山東巡撫任內曾加太子少保，卒於四川總督任內，追贈太子太保）最不朽的盛事，還是將宮保雞丁發揚光大，造福食林甚巨。

丁寶楨原籍貴州平遠，咸豐年中進士，同治年任山東巡撫，光緒年任四川總督。本身精於飲饌，曾重金禮聘名廚數十名，包括周進臣、劉桂祥等大師傅在內，均被網羅府中，各有精妙絕活。

顯然丁氏雖遍嚐山珍海味，但說起他的最愛，還是家鄉的里味——「糊辣子雞丁」。更妙的是，此菜因廚師詮釋的不同，竟有貴州、山東和四川這三種迥不相同的做法，形成三雄鼎立，傳爲食壇趣聞。

原來貴州「本尊」式的做法，是將辣椒去蒂、淘洗、浸泡、舂茸成糍粑辣椒後，再與甜醬爆炒並過油，由於呈糊狀，故稱「糊辣子」。而四川式「分身」的做法，改用筒筒（即整條乾製）辣椒，另加上去皮的油炸花生米及花椒快炒，製作簡便，一氣呵成，故躍居當今主流地位。山東式另一款「分身」的做法，則用乾辣椒（亦可不用）摻入大量當地的豆醬，此醬微甜，餘味不盡，口感特別，堪稱另類奇葩。不過，在此需聲明者爲-：此菜黔菜稱「宮保雞」，魯菜名「醬爆雞丁」或「南爆雞丁」，只有川菜才叫它做「宮保雞丁」。

事實上，宮保雞丁絕非小家碧玉（即現在的家常菜），而是上得了檯面的大菜。貴州省在國民政府主政時，便常施之於筵席中。而它在製作時，趁辣椒煉至黃褐色之際，須用杓子快速地把辣椒渣撈出，使食客有吃

辣而不見椒的樂趣。且菜端出的同時，會托一盤精緻的花捲，讓品嚐者在吃罷雞丁後，用此來蘸汁，再送口大啖。一式兩吃，物盡其用，挺有意思。

更有趣的是，您到了日本後，會發現東瀛人深嗜其味，卻不知有「宮保」之名，不亦怪哉！其中的真相則為：一九一八年時，中共已故的貴陽市政協祕書長趙惠民，正在早稻田大學留學，因他愛吃並善烹宮保雞丁，大受日本友人讚譽，紛紛學做此菜，稱它為「趙先生雞」，從此廣為流傳，乃一味有名的「中華料理」。是以如今日本只有趙先生雞之名，卻有宮保雞丁之實。

早年川味宮保燒丁燒得最出色的，首推成都的「無醉不歸小酒家」。畫馬名家徐悲鴻對其極為推崇，三不五時便跑去品嚐這道「難在將平凡菜色做好」的妙品。又，黔味宮保雞的大名之所以遠播，應是一九八六年在盧森堡所舉辦的第五屆美食展覽及世界杯烹飪大賽時，中國的名廚以此打頭陣，贏得個滿堂采。知名度打開後，洋人一到貴州，無不指名點嚐。

燒宮保雞丁也可以極快。一九五九年時，貴州已故水案名師陳海青（外號「三把雞」）曾與已故黔味名廚蔡文斌及鍾文甫三人在人民大會堂表演多次。從殺雞、燙雞、拔毛、剔雞、切雞丁到爆炒成菜，首次耗時僅三分多鐘，最快的一次，竟只有二分零八秒，這種驚人速度，真是不可思議。

由於宮保雞丁（不拘川、黔）具有「紅而不辣、辣而不猛、辣香味濃、油而不膩和嫩脆鮮美」的特點，普受世人喜好。而且雞丁的替代性很高，非但豬、牛、羊的肉丁、肉片、肉絲及其肝、腰、肚尖、毛肚等，均可用來「宮保」一番；另，兔肉、鱔片、蝦仁、田雞腿、豆腐乾、魔芋

◎ 作者（中）正在介紹宮保雞丁的故事。

（蒟蒻）等食材，亦可循此手法燒出。其衍生之廣及傳播之遠，均已在川菜魚香、麻辣、怪味等諸味型之上，堪稱中國菜的一支主流。故在大陸向有「國菜」之譽，且享「狀元菜」之美稱。

　　長久以來，有些餐館將宮保雞丁，誤寫成「公爆雞丁」或「宮爆雞丁」，應予正名。只不知丁寶楨在九泉之下有知，對著如此不肖後生，難保腦袋不被搞爆？

靖難發揚南爐鴨

　　我酷愛對聯，曾對嵌字聯下了番功夫。記得以前讀明人郎瑛《七修類稿》卷十的《御對》時，即留下了深刻的印象。原來有一次朱元璋命朱允炆（即明惠帝）與朱棣（即明成祖）聯對。朱元璋出的上聯是：「風吹馬尾千條線。」朱允炆對道：「雨打羊毛一片氈。」朱棣則對道：「日照龍鱗萬點金。」於是他借題發揮，認爲這兩個下聯，一個萎靡，一個發揚，二人成敗，已可預卜。然而，事情果眞這麼簡單嗎？但在此可確定的是，由削藩所引爆的「靖難」，絕對是烤鴨從南京榮移轉成北京第一名菜的關鍵，諸君不可不知。

　　中國兩位平民出身的開國皇帝，想要鞏固天下，想法如出一轍。漢高祖劉邦採用郡國並行制；明太祖朱元璋則用藩王與地方官並存制，差異只在明代的藩王，只有兵權，並無封地。結果，前者爆發「七國之亂」，後者引燃「靖難之變」，同樣發生了禍起蕭牆、生靈塗炭的憾事。其所不同的是結局，漢朝是皇帝贏了，明朝卻由藩王勝出。

雄心壯志為造反的朱元璋

　　想要造反成功，除了雄心壯志，還要厚植實力、機緣湊巧。燕王朱棣無疑全具備了這些要件。他的手腕極高，所結交的，多爲北方軍衛裡位階中等的英豪智勇之士，對於那些功臣主將，他絕不表示絲毫逾分之交，免得讓父皇察覺其「不臣」之心。但他過人的膽識，仍會令明眼人察覺，像朝鮮國的使臣趙浚，雖只見過他一面，即私下對同行的使臣說道：「燕王有大志，他是不會安居外藩的。」

　　而朱棣與他的第一謀士姚廣孝間的遇合，實屬一段奇緣。洪武十五年（公元一三八二年）八月，馬皇后病故，朱棣[1]南下奔喪。喪禮既畢，六個就藩的藩王即將回去，他們餘哀未盡[2]，爲了表示孝心，請父皇派高僧隨他們一起返回王府，好爲母后誦經薦福。朱元璋很寬慰，便令僧錄司左善世宗泐總其事，高僧道衍因緣際會，被安排給了朱棣，從此成了朱棣一生之中最得力的謀士。

　　道衍即姚廣孝，十八歲那年，在蘇州的「妙智庵」剃度爲僧。他雖學佛，但不拘泥於一家之學，常去距「妙智庵」不遠的「靈應宮」，向博通兵法及陰陽數術之學的道士席應眞請益，執弟子禮。由於他博學而不迂闊，出家而不厭世，遂與「北郭十友」徐賁、高啓等相交甚密。那些了解他的友人，都曉得他「有當世才，雖自匿，欲有所用之」。

---

[1]　其時已封燕王，受命就藩北京。
[2]　六王皆由馬皇后撫養成人。

◎ 道衍像

　　有一次道衍出遊來到河南的「嵩山寺」，遇見鼎鼎大名的相士袁珙[3]。袁珙見其狀貌，便直截了當地說：「好個怪僧，三角眼，形如病虎，生性必定嗜殺，是個劉秉忠之類的人物。」道衍聽罷大喜，因他內心所渴望的，正是走元初怪僧劉秉忠的路子，輔佐明君，成就帝王之業。

　　朱棣初見道衍時，當下即被這個與眾不同的怪僧給吸引住了。道衍則被朱棣的風度與氣魄所折服，兩人遂一見如故，交淺言深。李贄的《續藏書》即云：「道衍入京，覘得燕王有天子氣，」乘閒進言道：「大王骨相非常，英武冠世。如今國家初定，東宮太子生性仁柔，請大王多自珍重。

---

[3] 生有異稟，好學能詩。嘗游洛伽山，遇異僧別古崖，授以相人術。《明史・方技傳》稱其「所相士大夫數十百，其於生死禍福、遲速大小、并刻時日，無不奇中」。自號「柳莊居士」。著有《柳莊集》行世。坊間所流傳的《柳莊相法》，乃後人偽托。

如能隨大王赴燕，一定捧頂白帽子給大王戴。」朱棣馬上會意，「王」上加個「白」字，不是個「皇」是啥？心中暗爽不已，表面不露聲色。十月初一日，道衍即登舟赴燕，到了離燕王府西邊不遠的「大慶雲寺」擔任住持。

創自金代的「大慶雲寺」，不僅殿宇宏麗，且一直有名僧住持。寺中有兩座磚塔，一座九級，一座七級。九級的那座，乃元初名僧海雲國師之塔[4]。寺中保存的海雲畫像上，尚有劉秉忠所作的贊文。素以「藏春子」（劉秉忠的別號）自命的道衍，見後十分驚愕，益信天意如此。他曾兩次去蘆溝橋北拜謁劉秉忠的墓地，並寫下了這樣的詩句：「良驥色同樣，至人跡混俗；知己苟不遇，終世不怨讟。……一朝風雲會，君臣自心腹。大業計已成，勛名照簡牘。」由此可知，他決心一如劉秉忠輔佐元世祖般的來輔佐燕王朱棣，成就帝王大業，垂名青史之中。

洪武三十一年（公元一三九八年）閏五月初十，七十一歲的朱元璋與世長辭，留下簡短遺詔，它最後面寫著：「諸王臨國中，無得至京。王國所在，文武吏士聽朝廷節制，惟護衛官軍聽王。諸王不在令中者，推此令從事。」

遺詔中所謂「不在令中者」，指的便是燕王，因為當時北方軍衛中，不少將士正由朱棣節制，故有此言。另，據明人筆記，謂朱元璋臨終前曾對左右講道：「燕王不可不慮。」可見他對於年輕的皇太孫[5]能否接好皇位，維持良好統治，始終放心不下。

4　海雲國師為劉秉忠的師父。
5　朱允炆年方十六歲。

朱允炆即位後，即對那些手握重兵的叔叔們，格外發愁，日與太常寺卿兼翰林學士黃子澄及兵部尚書齊泰二人，共謀削藩之策。齊泰主張先拿燕王開刀，一旦翦除朱棣，其他諸藩自然無力抗衡。黃子澄不思擒賊擒王，卻來個打草驚蛇，竟從與燕王同為碩妃所生的周王朱橚下手。朱允炆自同意黃子澄所奏，「柿子專揀軟的吃」後，即向周王問罪，先謫遣到雲南蒙化，再錮禁於京師的高牆之中。

　　緊接著代王朱桂、齊王朱柏、岷王朱楩先後被廢為庶人，湘王朱柏則因被人出首告變，無法自明，闔宮自焚而死。果然削藩敕出，搞得王心惶惶，鎮日坐困愁城。

　　削藩集權絕對是正確的舉措，朱允炆錯在所倚重的齊、黃等人，均係書生之輩，即使為人聰敏幹練，卻乏安邦定國之才，治軍平亂亦非所長。再加上他本人庸懦猶豫，致使削藩的計畫，成效不如預期。放著主目標不問，卻向次目標撻伐。其結果，反而做球給朱棣，讓他因勢利導，一方面佯作不知，積極準備；另方面則利用時機，上書為諸藩申訴，大做好人。於是他自然而然地成為諸王心之所嚮了。

　　照唐樞《國琛集》上的說法，燕王在起事奪位前，盼望能得道衍之助，曾出上聯進行試探。云：「天寒地凍，水無一點不成冰。」道衍不假思索，隨即對出下聯，道：「世亂民貧，王不出頭誰作主？」在這兒指的是朱棣主動出擊，亦有人認為是道衍旁敲側擊，像高岱的《鴻猷錄》上即記載，當時朱棣請道衍占卜，並問他學的是什麼卜術。道衍回說：「觀音課。」乃將三枚銅錢交予燕王，讓他擲出，以便推算。燕王擲第一枚，道衍即一本正經地說：「殿下想當皇帝嗎？」燕王馬上制止他說：「莫胡說。」道衍卻不慌不忙，反覆陳述利害，堅定其起兵之心。

◎ 魏晉南北朝的洗燙家禽磚畫。

　　其實，自削廢周王後，朝廷就開始布置，暗地向燕王下手，既覘其動靜，觀其虛實，亦採取一些防範措施，且策動王府長史葛誠充作內應。燕王則擬妥對策，由道衍在廣大深邃的後苑裏，負責操練將士，積極趕造軍器。為了迷惑外人，尤其是擔心朝廷派來的耳目，更修建面積極大的地下室，上面再蓋房子，周圍再環繞又高又厚的高牆，牆腳下再埋入大大小小的缸甕。又為保險起見，還在後苑養了大群的鵝鴨，並用牠們的叫聲，來掩蓋操演兵馬和打造軍器的聲響。

　　這時候，另一知名相士袁忠徹[6]的話，起了決定性的作用。有次燕王設宴款待燕京的文武大員，請袁忠徹暗中觀看他們的面相。袁忠徹相罷，對燕王解說，指出：宋忠「面方耳大，身短氣浮」，張昺「面方五小，行步如蛇」，謝貴「臃腫早肥而氣短」，耿瓛「顴骨插鬢，色如飛火」，景清「身短聲雄」，結論是這些朝廷派來監視燕王的大員們，「於法皆當刑死」，

6　袁珙之子，幼傳父術，頗好讀書，著有《人相大成》等，並訂正《神相全編》。

都是被殺的凶相。燕王聽完之後，自然是「大喜，起兵意益決」。

此外，建文元年（公元一三九九年）六月，燕王的護衛百戶倪諒上告稱變，朝廷乃將參與秘謀的官校于諒、周鐸處死，並下詔責斥朱棣。形勢異常緊迫，朱棣索性來個佯狂稱疾，一逕兒裝瘋。他在市井之中，一會兒奪取酒食，口中胡言亂語；一會兒又臥倒在地，終日昏睡。張昺、謝貴才不相信，藉口慰問病情，到府想摸底細。時當舊曆六月，北京正值盛夏，暑熱逼人，朱棣卻坐在爐火旁，渾身顫抖喊冷。顯然病得厲害。張、謝二人見狀，居然信以為真。

等到燕王起兵，很快占領北京。以「清君側」為名，誓師發動「靖難」，歷經三年苦戰，終於取得天下。

我常在想，燕王起兵前的那段經歷，與燜爐烤鴨的工序頗有異曲同工之妙。比方說，道衍在燕王府後苑築室操兵、厚植實力時，其手法像在填鴨；而雙方互探虛實的過程，則像老師傅在鴨子嗉下的三叉骨摸索，由其軟硬程度，檢測肉嫩與否？至於燕王於炎夏時裝病，在王府內向火乞節，更像煞入燜爐的烤鴨，只差不會喊冷而已。

烤鴨北傳靠朱元璋

中國人吃烤鴨的歷史非常久遠，早在南北朝時，《食珍錄》一書內，就有「炙鴨」的記載。南宋時，孟元老的《東京夢華錄》亦記有「燠鴨」一味，此即所謂的「汴京烤鴨」。而烤鴨之所以傳入明宮廷，據說是朱元璋的部將攻下揚州時，曾帶走一些廚師[7]，獻給了朱元璋。其後，朱元璋定

---

[7] 包括能燒製烤鴨的廚師在內。

鼎南京，國號大明。這些廚師理所當然的成了御廚。等到朱棣靖難成功，遷都北京之際，這些御廚跟著來到北方，烤鴨的技術於是北傳，成為宮內的珍饈。

至今尚可考的一家烤鴨店，相傳是創自明成祖永樂十四年（公元一四一六年）的「老便宜坊」，其原址在宣武門外的米市胡同。起初它只是一個小小的作坊，並無字號，店主從市上買來活雞活鴨，先宰殺洗淨，再送去給大的飯莊、飯館及一些有錢的大戶人家，做些服務性的初步加工。同時也做燜爐烤鴨及桶子雞（即童子雞）等食品。買賣雖小，但因整治乾淨且烤鴨、桶子雞做得美味可口，更重要的是價格便宜，故極受顧客歡迎。日子久了，人們便稱其為「便宜坊」，店家從此就打出此一字號來了。

不過，關於「便宜坊」的起源，眾說紛云。有說是明末清初時，由一位年老辭官的吏部尚書何三大人開的。有說它出現於清乾隆年間，是從南京遷來的。但可確定的是，「便宜坊」所經營的燜爐烤鴨（一稱「南爐鴨」），生意相當地好，致使北京城內，平端冒出不少仿冒「便宜坊」的字號，其最多時，竟多達三十幾家，直到民國三十八年，北京在易幟前，仍有數家仍打著「便宜坊」的字號，在經營著烤鴨生意。

後來碩果僅存的那家「便宜坊」，開業於清咸豐五年（公元一八五五年），乃一個王姓的古玩商，找來老「便宜坊」的劉姓伙計所開設的，原名「便意坊」，位於前門外鮮魚口西頭路北，此即《都門紀略》裡所說的「南爐燒鴨店」，它是一座兩間門臉的二層樓房，樓上為餐廳，樓下是廚房和帳桌。「文化大革命」時，「便意坊」的牌匾被砸，店名也被迫改為「新魯餐廳」，傳統的特色及風味喪失殆盡。

一九七八年時，在北京有關部門的努力下，先恢復了「便宜坊」燜爐

◎ 已歇業改裝的便宜坊。

烤鴨的傳統食味，繼而又興建了繼承「老便宜坊」正宗技術的崇文門新店，並將兩店正式統稱爲「便宜坊烤鴨店」。

　　另，據《都門瑣記》上的說法：「北方善塡鴨，有至八、九斤者。席中必以全鴨爲主菜，著名爲『便宜坊』，燴鴨腰必『便宜坊』爲眞，宰鴨獨多故也，」又說：「若夫小酌，則視客所需，各點一肴，如『便宜坊』之燒鴨，皆適口之品。」可見「便宜坊」的燜爐烤鴨之肥美，絕非他家可比。難怪曾著有《北京雜誌》的美國人安格聯，在遊歷了北京名勝風景及品嚐了多種飲饌風味後，認定「便宜坊」的燜爐烤鴨，實爲「京中第一」。

　　燜爐烤鴨的特點是「鴨子不見明火」。所謂「燜爐」，其實是一種地爐，爐身以磚砌成，大小約一立方公尺左右。以往在燜烤鴨子前，用秫秸將爐牆燒至適當的溫度（現改用瓦斯）後，將火熄滅，接著將鴨坯放在爐中的鐵算上，然後關上爐門，全仗爐牆的熱力，將鴨子烘熟，中間不啓爐門，不轉動鴨身，一氣呵成。由於純用暗火，所以掌爐的師傅，務須掌握好爐內的溫度，只要燒過了頭，鴨子會被烤糊，如果火候不夠，鴨子又會夾生，吃來不是味兒。而在燒烤的過程中，砌爐的溫度，會由高而低，且緩緩下降；故在文火不烈並受熱均勻下，油的流失量小，以致成品外皮油亮酥脆，肉質鮮嫩，肥瘦適量，不柴不膩。即使一咬流汁，卻因恰到好處，特別誘人饞涎。

早在清末民初，老「便宜坊」的烤鴨老師傅，如梁德泰、汪保文等，因能精準掌握爐牆的溫度，以致燜烤出來的鴨子，成爲京中一絕，名號更加響亮。故當時的一些京官，「每宴封疆大吏、會議主考，非此地不爲恭敬」。

已故的美食家唐魯孫認爲：「台灣光復之初，『山西餐廳』設在台北火車站左手邊，如果趕上鴨子好、天氣晴朗時候，烤出來的鴨子，尚不離譜，很有幾分『便宜坊』的味道。不過，一隻上等肥鴨將近一桌酒席的價錢，不是會吃的熟客人，他們也不敢承應，恐怕人家說他們敲竹槓，等到擴充營業搬到中山堂對面，烤出來的鴨子就很難吃到像從前風味的烤鴨了。」而今「山西餐廳」已歇業近十年，就算想吃這「向下沉淪」的燜爐烤鴨也不可能了，廣陵從此絕響。實令許多嗜鮮尚肥的饕客扼腕而嘆。徒呼負負。

遙想當年，道衍向燕王推薦大相士袁珙時，朱棣派使者召袁到來。袁未至，朱棣先著衛士服，與使者及九名衛士一塊兒在酒店飲酒，欲試袁的功力。但見袁直趨燕王前，拜道：「殿下何必自輕如此？」朱棣佯裝不知，竟道：「我們都是衛士呀！」袁珙站著不答。朱棣於是召入王府，問他何以知道我即燕王。袁珙再相一下，便說燕王「龍行虎步」，具有天子之相。到四十歲之時，鬍鬚過了肚臍，便會登基爲皇。

眞命天子在當時的天下，絕對只有一個，縱使是經篡位而得，亦應作如是觀。「便意坊」能從仿冒字號進而躍居正統地位，過程似乎雷同。或許正是天意如此，才會產生這一曲折離奇、而又緊密契合的驚人結局吧！

酷斃珍味炙鵝掌

　　武則天因吉頊有才幹智略，把他當成心腹。有一次，吉頊與武懿宗[1]爭趙州之功。吉頊身材高大、辯才無礙；懿宗短小駝背，兩人看起來很不對稱，加上吉頊「聲氣陵厲」，惹得則天不悅，說：「吉頊在朕面前，猶卑視我諸武，他日豈能倚重？」後來，吉頊在奏事時，正「援引古今」之際，則天大怒，指責他說：「卿之所言，朕耳朵都聽夠了，不必多說。從前太宗皇帝有匹叫師子驄的馬，肥壯烈性，無人可以駕馭。朕當時還是個宮女，隨侍在側。便主動向太宗表明道：『臣妾可以制服牠，但需有三件東西。一是鐵鞭，二是鐵檛，三匕首。鐵鞭不能制住，就用鐵檛打馬的頭，如再不能降服，最後就以匕首割斷馬的喉嚨。』太宗壯朕之志，今日卿夠格污朕的匕首嗎？」吉頊聽罷，「惶懼流汗，拜伏求生，乃止」。真個是伴君如伴虎，小命差點不保。

---

[1] 時為河內王。

◎ 武則天畫像

大內高手武則天

武氏的確「性非和順」，她剷除王皇后、蕭淑妃的手段，堪稱「虺蜴為心，豺狼成性」。原來高宗李治當太子時，便愛上了她。永徽五年（公元六五四年），高宗到武則天出家的「感應院」行香，兩人再度見面，相互對泣。王皇后因當時高宗寵愛蕭淑妃，竟突發奇想，暗中叫武則天蓄髮，並勸高宗納入後宮，藉以離間淑妃之寵。此舉無異引狼入室，讓自己永世不得翻身。

則天真不愧是「大內高手」，初進宮時，即對皇后百般巴結，皇后自然樂得在高宗面前道盡她的好話，過沒好久，反客為主，大受高宗寵愛，冊封她為「昭儀」，此時則天三十一歲。從此之後，皇后與淑妃雙雙失寵。原因無他，凡是宮內不為皇后所敬者，她「必傾心與相結，所得賞賜分與之。由是后及淑妃動靜」，她必然全盤掌握，並且向高宗打小報告，使「上不信后、淑妃之語，獨信昭儀」。

皇后雖然失寵，但高宗尚無廢后之意。適逢則天生女。皇后前往逗弄。等到皇后一走，則天潛入室內，掐死自己女兒，再蓋上了被子。高宗到了以後，則天佯為歡笑，掀開被子一看，發現女兒已死，則天驚叫大

哭，高宗便問左右。左右都回答說：「皇后剛剛來過。」高宗怒不可遏，認定「后殺吾女」。則天來個順藤摸瓜，「泣數其罪」。皇后無以自明，於是高宗「有廢立之志」。

王皇后被廢後，與淑妃「並囚於別院」。高宗有天心念一動，繞道去看她們。「見其室封閉極密，惟竅壁（牆上打一小孔）以通食器」，心中十分感傷，便大呼說：「皇后、淑妃安在？」皇后流淚回答：「我們犯罪為婢，豈能有此尊稱？」又說：「陛下若念惜舊情，使我們重見天日，乞名此院為『回心院』。」高宗說：「朕馬上就會處置。」則天聽說此事，不禁怒火中燒，派人打王氏及蕭氏各一百板子，斬去四肢，投酒甕中，說：「令此二嫗骨醉！」數日而死，又分其屍。心狠手辣，慘絕人寰。

更狠的是，她不光只殺女兒，兒子照殺不誤。長子李弘，因失其歡，被她酖殺。次子李賢，先廢為庶人，再流放巴州，後迫令自殺。中宗長子重潤。乃她的嫡長孫，只因聽信讒言，遂命人杖殺之。

武則天登基後，為了鞏固政權，非但獎勵告密，而且任用酷吏，大搞特務統治，濫施各種酷刑。胡人索元禮為第一個以告密起家的酷吏，也是唐史上第一個酷吏。在他之前，唐帝對違法高官的處置，仍本著「刑不上大夫」的觀念，非但沒有用刑，甚至禁用粗惡的言辭，像唐太宗殺侯君集時，且云：「不欲令刀筆吏辱公。」即是一個顯著的例子。而今索元禮竟不顧一切，逕對朝廷大員用刑，自然震撼了整個士族社會，導致「衣冠震懼，甚於虎狼」。

酷刑為樂攀頂峰

生性殘忍的索元禮另創造了許多新式訊囚刑具，最有名的，首推鐵籠。《新唐書‧酷吏傳》稱他：「作鐵籠繫囚首，加以楔，至腦裂死。」因而此籠已非繫囚和刑訊的刑具，簡直是處決的工具，一經戴上，必死無疑。此外，他的駭人創作，尚有「橫木關手轉之，號『曬翅』；若紡囚楔上，鎚石於頭……」等，全是殘忍的刑囚手法。一些地方官，更群起效尤，如洛州司馬張嗣業、洛陽令張嗣明等，他們皆「造大枷長六尺，闊四尺，厚五尺。倚前，人莫之犯」。（見《太平廣記‧報應二十》）

不光如此，索元禮還搞了一套新的審訊法，此即震驚古今中外，人人聞之色變的「牽連法」。《新唐書‧索元禮傳》就指出：「訊一囚，窮根柢，相牽連至數百未能訖。」且凡「有跡涉嫌疑，辭相連引，莫不窮捕考按」。於是在武則天的支持下[2]，「大開詔獄，重設嚴刑」，弄得「衣冠氣褫」，人人股戰自危。

繼索元禮而起的，則是周興及來俊臣之徒。兩人手段更高明、手法更殘忍，終將恐怖統治攀上頂峰。

周興初露鋒芒，應是奉命審理郝象賢一案。象賢為處俊之孫，處俊因堅決反對高宗傳位給武后，故武后恨之入骨。垂拱四年（公元六八八年），象賢家奴告其謀反，監察御史任玄殖「致象賢無反狀」，武則天便「命周興鞫之」，結果「致象賢族罪」，「玄殖坐免官」。又，因象賢在臨刑時，「極口罵太后，發揚宮中隱慝，奪市人柴以擊刑者」，被金吾兵格殺致

---

[2] 她經常「引見賞賜，以張其威」。

死。則天便下令「支解其屍，發其父祖墳，毀棺焚屍」。且立下慣例，日後「法官每刑人，必以木丸塞其口」，一直到她去世爲止，仍是如此。從這裡亦可看出，她性格陰狠毒辣的一面。

大殺李唐宗室，擴大打擊層面，此爲周興的階段性任務。嚴格來講，索、周二人玩的是單打獨鬥，來俊臣則是整個酷吏集團首腦，周朝在這群人面獸心的胡整瞎搞下，更將恐怖統治推至最高潮，以至「朝士人人自危，相見莫敢交言，道路以目」。更有甚者，「朝士多因入朝，默遭掩襲，以至於族，與其家無復音息。故每入朝，必與其家訣曰：『不知重相見否？』」

來俊臣之所以能張牙舞爪、肆行其志，手中最主要的利器，即是他與萬國俊、朱南山等人撰就的《告密羅織經》。此經的意旨爲：「皆網羅前人，織成反狀」，而且「每摘一事，千里同時輒發，契驗不差」。更因它不但把個人告密行爲，提升而成爲一個集體行動（即「具有支脈綱由，成有首末，按以從事」）；並且每個案件，都必須統一設計，統一指揮，統一行動。所以，它才能不斷製造出當時社會上聳人聽聞的大事件（指冤獄），使「皆事狀不異，以惑上下」。上指的當然是武則天，下則是一般群眾。

結果，武則天經常錯判形勢，誤以爲隨時隨地都有人在扯她的後腿，想整垮她的政權，而其回應的方式，就是一再大規模的屠殺。由此可見，來俊臣最罪大惡極、罪無可逭的是，他自己不光是恐怖政治的執行者，而且還成了恐怖政治帶頭的動力。

「倚勢貪淫」，「自言才比石勒」的來俊臣，終結其政治生命的，正是吉頊。神功元年（公元六九七年），武則天「遊苑中，吉頊執轡」，則天問

以外頭大事，吉頊說：「朝廷之人都在奇怪處死來俊臣的奏摺，怎麼久久未批下來。」則天則說：「俊臣有『功』於國，朕方思之。」吉頊接說：「俊臣聚結不逞，誣構良善，贓賄如山，冤魂塞路，國之賊也，何足惜哉！」武則天聽罷，才下定決心殺他。

來俊臣棄市後，仇家爭啖其肉，頃刻即盡。並且挖出眼睛，剝去面皮，剖腹取心，踩成泥漿。武則天始知他竟「天下惡之」，隨即頒下詔書，歷數他的罪惡。並說：「宜加全族之誅，以雪蒼生之憤，……」士民更是相率在路上慶賀，高興的說：「從今之後，我們可以好好地一覺睡到天亮了。」

又，來紹是來俊臣的族人，他天稟鷙忍，以決罰為樂。陶穀在《清異錄》上寫著，「嘗宰郘陽，生靈困於孽手，創造鐵繩千條，或有令不承，則急縛之，仍以其半搥手，往往委頓」，因此，他「每肆枯木之威，則百囚俱斷，轟響震動一邑，時呼『肉雷』」。

▎百嗜不如鵝掌雙跖美

如就鵝肉而言，鵝掌滋味最美，難怪曹寅[3]曾說：「百嗜不如雙跖美。」給予其至高評價。揚州師傅對烹飪鵝掌非常拿手，以其加蝦茸釀鴿蛋，色相極美，號稱「掌上明珠」，其身價之不凡，由此可見一斑。然而，嗜食鵝掌的人不少，為使其滋味更勝，有些人會虐待動物，其手法之殘酷，讓人不忍卒睹。而那位始作俑者，即是武則天的男寵張易之。

---

[3] 曹雪芹的祖父，曾編纂《居家飲饌錄》，自稱「饕餮侯」。

據張鷟《朝野僉載》上的記載：「周張易之為控鶴監，⋯⋯ 易之為大鐵籠，置鵝鴨於其內，當中取起炭火，銅盆貯五味汁，鵝鴨繞火走，渴即飲汁，火炙痛即迴，表裡皆熟，毛落盡，肉赤烘烘乃死。」書上並沒有提及他老兄有否專食鵝掌，但此一燒鵝之法，卻讓一些好食鵝掌者發揮想像空間，從明、清到民國初年，就有三位「仁」兄如此炮製。

像李漁在《閑情偶寄‧飲饌部》內指出「有告予食鵝之法者，曰：『昔有一人，善製鵝掌，每豢肥鵝將殺，先熬沸油一盂，投以鵝足，鵝痛欲絕，則縱入池中，任其跳躍。已而復擒復縱，泡瀹（即用水煮物）如初。若是者數四，則其為掌也，豐美甘甜，厚可徑寸，是食中之異品也。』」這種為了享用鵝掌，無所不用其極的手法，他老兄對此「高招」，頗不以為然。因此，他接著說：「慘哉斯言，予不願聽之矣。物不幸而為人所蓄，食人之食，死人之事，償之已死，亦足矣。奈何未死之先，又加若是之慘刑乎？即使二掌雖美，入口即消，其受痛楚之時，則有百倍於此者。以生物多時之痛楚，易我片刻之甘甜。忍人弗為，況稍具婆心者乎？」是以他不假顏色，義正辭嚴地發出了「地獄之設，正為此人，其死後炮烙之刑，必有過於此者」的不平之鳴，深深扣人心弦。

清代大美食家袁枚，亦對此一殘物以逞口腹的方式，至表不滿。他在《隨園食單‧戒單》裡頭說：「暴者不恤人功，殄者不惜物力。⋯⋯ 假使暴殄而有益於飲食，猶之可也；暴殄而反累於飲食，又何苦為之。至於烈炭之炙活鵝之掌，⋯⋯ 君子不為也。」其原因即在於「物為人用，使之死，可也；使之求死不得，不可也。」其字裡行間，雖充滿著人道精神及悲天憫人的情懷。無奈「美」味之所在，仍有人趨之若鶩。

《清稗類鈔》即記載著：「上海葉忠節公映榴好食鵝掌。以鵝置鐵楞

◎ 鵝掌的吃法特別，今日少見

上，文火烤炙，鵝跳號不已，以醬油、醋飲之，少焉鵝斃，僅存皮骨，掌大如扇，味美絕倫」，基於鵝「全身脂膏萃於兩掌，厚可數寸，而餘肉悉不堪食矣」，故每盤菜必須折磨死十來隻鵝，才好盡情享用。

到了二十世紀三〇年代初，四川自流井鹽場有個叫李永主的暴發戶，極嗜鵝掌。他的手法又推陳出新，即在屋裡圍著一小塊空間，舖上一層糠殼，點上火，使之長時間燃著小火，然後把幾隻活鵝放在糠上，鵝被炙得直叫，因而口渴難忍。此時用太原曬醋餵之，直到鵝掌上起血泡，再斬下鵝掌，烹製成菜。

來俊臣的殘酷行徑，很多人以為他相貌凶惡，其實不然。《朝野僉載》便云：「『洛陽令來俊臣雍容美貌，忠赤之士乎？』答曰：『俊臣面柔心狠，行險德薄，巧辯似智，巧諛似忠，傾覆邦家，陷害良善，其江充[4]之徒乎！蜂蠆害人，終必為人所害。』」總算老天開眼，天理昭彰。一生殺人無算的他，果然「自作孽，不可活」，最後鬧個屍骨無存。

另一美男子張易之的下場也很慘。《朝野僉載》亦云：「後誅易之、昌宗等，百姓臠割其肉，肥白如豬肪，煎炙而食。」

由此看來，天理循環，報應不爽。兩手沾滿血腥的來俊臣，每在案詔獄時，必特選十個大枷，一曰定百脈，二曰喘不得，三曰突地吼，四曰著

4　江充（？—前91年），字次倩，西漢趙國邯鄲人。

即承，五日失魂魄，六日實同反，七日反是實，八日死豬愁，九日求即死，十日求破家。而「遭其枷者，宛轉於地，斯須悶絕。又有枷名『勘尾渝』，棒名『見即承』，復有鐵圈籠頭，名『號數十』」（以上見《大唐新語》、《神異經》），是以「羅告天下衣冠，遇族者不可勝紀」，結果遭人生食，整個吃光，身死族滅。另，愛吃燒鵝肉的張易之，在其死後，一身雪白的細皮嫩肉，竟被切片燒炙，直如今日在吃鐵板燒一般，真是有夠諷刺。

令人遺憾的是，時至今日，類似活炙鵝掌這種滅絕人性的烹調方式尚存。還有些人以吃過為榮，到處炫耀傳揚。深盼有心遍嘗「異」味的朋友，在貪口腹之餘，能夠反躬自省，摒棄慘虐歪風，吃得自然健康，常存天地正道，始免無窮惡報。

蘇軾拚死吃河豚

　　造物者真是神奇，竟把至毒極鮮二物融於一體，讓人又愛又恨，而且欲罷不能，想要一膏饞吻，只有拚命一試。

　　基本上，「拚死吃河豚」這句流傳甚廣的民諺，早在宋代即有，當時人孫奕所撰的《示兒編》這部書內，載有一則蘇軾吃河豚的軼事，寫得頗為生動。話說蘇軾謫居常州（今江蘇省常熟、武進、陽湖、靖江一帶）時，愛吃河豚。有一士大夫家，烹製河豚有獨到之處，想請大名鼎鼎的「蘇學士」吃一頓。既蒙這位婦孺皆知的名士首肯，士大夫的家人，無不大為興奮。待蘇軾吃河豚時，都躲在屏風後面，想聽「蘇學士」如何品題。即使擠得水洩不通，依舊鴉雀無聲。

　　但見蘇軾埋頭大啖，不聞讚美之聲，當這家人相顧失望之際，這時已打飽嗝、停止下筷的蘇軾，忽又下箸，口中說道：「也值得一死！」屏風後面的人，聽到無不大悅。

　　名小說家高陽便稱：「由一『也』字去推敲，可知『拚死吃河豚』為當時通行的俗諺。」不過，另有筆記指出：蘇軾所說的，乃「據其味，真是消得一死」。意思是說如此美味，毒死也值得的。字句略有出入，本意卻無不同。

◎ 位於黃州的蘇軾雕像

只見過標本，從未吃過河豚的文人不少，像高陽及汪曾祺均是，汪氏甚至說，他在以擅燒河豚著名的江蘇江陰待過兩年，「竟未吃過河豚，至今引為憾事」。

▌極端美味，毒死也值得

河豚真的很有意思。牠古名鯸鮐、赤鮭、鯸鮔、鮧鮒之魚、河鈍等。其別名則有「吹肚魚」、「嗔魚」、「氣泡魚」、「雞泡魚」、「臘頭」及「西施乳」等。其魚體較短，呈紡槌狀，頭腹肥大，牙愈合成牙板。尾部較細，背鰭一個，無腹鰭，皮面平滑無鱗，背面及腹面布滿小棘。背部多為黑灰色，並有各種顏色的條紋或斑塊，腹部為乳白色，內有氣囊，遇敵害時，能吸氣膨脹如球，全身上下棘刺怒張，使敵更不敢侵犯。然而，此適為人們得以捕獲牠的致命弱點。

基本上，河豚與海豚同屬一類，只因棲息之水域不同，而各異其名稱。牠屬魚綱、鈍科魚類。在中國分布極廣，江、河、海中皆有，多半棲於江中多沙處，江、海之交（即淡水與海水交會之處），分布尤多。目前中國約有三十多個品種，數量之大，世界第一，故有「東方鈍」之稱。

其種類甚多，就形狀而言，有箱河豚、團扇河豚、模樣河豚、刺河豚等，如就條紋而言，則有虎紋河豚、蟲紋河豚、星點河豚、豹河豚和條紋河豚等。其中，又以蟲紋河豚、條紋河豚及豹河豚的毒性最大，不可不慎。

　　河豚的毒性之大，絕不可等閒視之。古人對此，知之甚詳。如晉人左思《三都賦》的〈吳都賦〉便有「王鮪鯸鮐」之句，其注云：「鯸鮐魚狀，如蝌蚪，大者尺餘，腹下白，背上青黑，有黃紋，性有毒。」唐人段成式《酉陽雜俎》云：「鯸魚肝與子俱毒。」宋人沈括在《夢溪筆談》中說：「吳人嗜河豚魚，有遇毒者，往往殺人，可為深戒。」同時期的《太平廣記》亦云：「鯸鮐魚文斑如虎，俗云煮之不熟，食者必死。」以上可謂是對河豚之毒，有初步之認識。

　　到了明清時期，人們對河豚的毒性，有了進一步的理解。例如：李時珍的《本草綱目》云：「味雖珍美，修治失法，食之殺人。……吳人言其血有毒，脂令舌麻，子令腹脹，眼令目花」，且「河豚子必不可食，曾以水浸之，一夜大如芡實也」。明代《嘉靖江陰縣志》在「魚之屬」中提到：「河豚，……凡腹、子、目、精、脊血有毒。」清代《光緒江陰縣志》的〈物產·鱗介之屬〉內總結前人經驗，歸納為：「河豚，……子則毒甚，忌銅，眼、血、油（即魚肝）亦毒。」有清一代名醫王士雄更謂：「（河豚）其肝、子與血尤毒。或云去此三物，洗之極淨，食之無害。」可見河豚只要整治得法，就不會「食之殺人」了。

　　河豚到底多毒，唐人陳藏器《本草拾遺》云其：「入口爛舌，入腹爛腸，無藥可解。」而其毒性發作時，會引起腹痛噁心、嘔吐，麻痺末梢神經和中樞神經，嚴重的還會四肢麻痺，甚至全身癱瘓，言語不清，吸收困

難，全身青紫，如果搶救不及，立刻導致死亡。因此，有位日本飯店主人便稱這種死亡爲「恐怖的死亡」，一旦中毒，「雖然你的神智非常清楚，手腳卻已麻木無知，不能站立。你可以思考，但無法開口，無法動彈，而且不久就無法呼吸了。」

至於如何解河豚毒性？則衆說紛云，莫衷一是。有謂「艾能已其毒」（見《酉陽雜俎》）；「中其毒者，以橄欖、蘆根汁、糞清、甘蔗汁解之，少效；或用鴨血灌下可解」（見元人賈銘《飲食須知》）；「世傳中其毒者，以至寶丹或橄欖及龍腦浸水皆可解。復得一方，惟以槐花爲妙，與乾胭脂等分同擣粉，水調灌之，大妙」（見元人陶宗儀《輟耕錄》）。但是否眞的有解，恐怕也說不得準。又，清人吳其濬《植物名實圖考》卷十二中寫道：河豚上市時，遍地生長的蔞蒿可解其毒。果眞如此，那眞是造物者的巧妙安排了。此一說法，亦可見於嚴有翼的《藝苑雌黃》，云：「余守丹陽宣城，見土人戶戶食之，但用菘葉、蔞蒿、荻芽（即蘆芽）三物煮之，亦未見死者。」

總之，面對河豚此一「水族之奇味」，雖「世傳其殺人」，但好其味者，仍前仆後繼，代不乏人死。因此，就有人呼籲摒棄此一珍味。其中，最有名的是梅聖俞與范成大。前者撰〈戒食河豚詩〉云：「……炮煎苟失所，入喉爲鏌鋣（即莫邪，古鋒利之寶劍）。若此喪軀體，何須資齒牙。持問南方人，覺護復矜誇。皆言美無度，誰謂死如麻。吾語不能屈，自思空咄嗟。」後者則作〈河豚嘆〉一詩，指出：「……既非養生具，宜謝砧兒醋。……朝來里中子，饞吻不待熟。濃睡喚不膺（即應），已落新鬼錄。百年三寸咽，水陸富肴蔌，一物不登俎，未負將軍腹。爲口忘計身，饕死何足哭。」二人皆強烈表達不該追求美食異味而損害身體健康。

不過，言者諄諄，聽者藐藐。所以，清人崔旭形容天津風物習俗的〈津門百詠〉中，即有一首形容天津人愛吃河豚，每當清明前後，河豚上市之際，無不冒死拚命食河豚。其詞云：「清明上塚到津門，野苣堆盤酒滿樽；值得東坡甘一死，大家拚命喫河豚。」另，上海人也嗜食河豚，故清人楊光輔纂《淞南樂府》裡，就有一首稱：「淞南好，命險一杯羹，生願西施乳下死，死憑和尚腹中生，生死眩奇情。」皆將「拚死喫河豚」的精神，描繪得入木三分。

被譽為「揚子江中第一鮮」、「水族三奇味」及「江東四美」的河豚，與大閘蟹齊名，號稱「二月河豚十月蟹」。自古以來，對牠讚譽備至，甚至有「不吃河豚，焉知魚味？吃了河豚，百鮮無味」之說。我祖籍江蘇省靖江市，與江陰市隔長江而對，亦盛產及整治河豚。幼時聽家父提起，每年春天最高檔的筵席乃河豚席，壓軸者為紅燒河豚一味，必在終席前端來，因為吃過之後，味蓋群饌，百味不珍。縱使我心嚮往之，但迄今仍未得嚐，行年五十餘，真憾事一椿。

烹調美味，吃個痛快

關於河豚的吃法，在宋朝是與荻芽做羹，此法延續至今。而加醬紅燒的河豚，則大盛於明朝，即使時至今日，仍為主流做法。據說本法乃常熟的「牙行」經紀人李子寧所精製，其味之佳，一時無兩。

李家的紅燒河豚，須先製醬。其法為：「前一年取上好黃豆數斗，凡發黑、醬色、紫葷、微有黑點者，皆揀去不用；豆已純黃，猶須逐粒細揀；然後煮爛，用淮麥麵拌作『醬黃』，加潔白細鹽，覆紗罩在烈日中曬

熟，收入磁甕，上覆磁蓋，用油火封口，藏到第二年內，名之爲『河豚醬』。」

而在整治河豚前，須先載來極潔淨的江水數缸，凡漂洗及入鍋，皆用江水。俟整治時，先割其眼，再夾出腹中魚子，自背脊下刀剖開，洗淨血跡，其肥厚處，一見血絲，則用銀簪細細挑剔淨盡，一絲馬虎不得。

接著是剝皮，皮不可棄去，下沸水中汆，一滾即撈起，以鑷子箝去芒刺，隨即切剁成方塊，再連同著肉與骨，一起用豬油爆炒，然後下「河豚醬」入鍋烹煮。且謹守古訓，講究在揭鍋蓋時，必得先張傘，否則熱汽上衝，有煙塵落入鍋中，食之者必死。當然啦！以今日視之，乃無稽之談。

又，紅燒河豚，必須燒透。其試驗之法，只消用一根紙捻蘸汁，如能點燃，便是透了；否則未熟。換句話說，要燒到水分都已蒸發，僅剩下一層油，一點即燃，才算火候到家，可以據案大嚼，吃個痛快。

自從李子寧發明此燒法後，河豚「每烹必多，每食必盡，而卒無害，以是著名於時；年年二、三月間，朋黨輒醵錢聚會於其家，上下匆忙，竟似以河豚爲一年大事」。其影響所及，以致「春時筵客不得此爲不敬」。

以河豚和荻芽作羹，與紅燒河豚一樣，皆肥鮮無比，酥醇不膩，食後回味悠長。清代名詞人朱彝尊曾享用過，作〈探春慢詞〉一首，頗膾炙人口。其詞云：「曉日孤帆，腥風一舸，販鮮江市船小。滌徧寒泉，烹來深院，不許纖塵舞到。聽說西施乳，惹賓客垂涎多少。阿誰犀箸翻停，莫是生年逢卯。閒把食經品第，量雀鮓蟹胥（即蟹醬），輸與風調。荻筍將芽，蔞蒿未葉，此際故園眞好。鬭鴨闌邊路，猛記憶谿頭春早。竹外桃花，三枝兩枝開了。」

比較起來，柔滑其肌，其味甘旨的河豚，不僅中國人愛吃，在日本好

此道者，亦大有人在，雖百死猶不悔。

　　早在一五九〇年時，豐臣秀吉征伐高麗，軍隊集結於下關，兵士食河豚，因整治不得法，死了許多人，險些潰不成軍。第二次世界大戰方酣，日軍在西澳的遠征軍，食河豚不當，造成四百餘人喪生，戰力大打折扣。而今在東京上野公園裡有一座紀念碑，紀念一些吃河豚而枉送性命的老饕，鄭重其事，莫此為甚。也正因如此，在日本處理河豚，須經通產省考試及格，俟取得執照後，方能執業。

　　民國八十年前後，我忙得不可開交，既要教授面相、謀略、書法等課程，同時也在批紫微斗數，兼看風水。行有餘力，即呼朋引伴，到處品嚐美食。記得有一回去執當時日本料理牛耳的「中橋」，在吧台享用生魚片及握壽司等，吃得極盡興。正巧店家在宰殺進口的虎河豚，老闆娘李佩聲女士見我們目不轉睛地看，表明店內的師傅是有執照的，問咱敢不敢吃生的？大家躍躍欲試，每人分得一片，這是我食河豚之始，從此結為不解之緣。

　　那回大夥兒吃不過癮。未幾，便包下整個吧台，專食其著名的河豚五吃，一套三千五百元。這五吃包括生魚片、火鍋、炸顎下軟骨、燙魚皮和豚翅泡酒。先飲用炭火烤炙的河豚背翅泡清酒，味濃醇而酒冽，挺可口的，算是前菜。接著吃生魚片，片片細薄如指甲蓋，晶瑩剔透，蘸醋而食，爽而釋甘，餘味不盡。陸續上的是燙魚皮和炸顎下軟骨。魚皮亦蘸醋食用，爽中帶嫩，口感不壞；炸顎下軟骨則蘸鹽吃，脆酥而香。火鍋則是用茼蒿和切碎的柚皮調味，其肉塊亦是蘸醋品享，食畢，則在湯頭內打蛋加飯，煮成個雜炊，勉強圖個一飽。縱未盡興食，但已嚐其鮮。

　　約四、五年後，在因緣際會下，由食友林政忠安排，與大吃客黃賢富

◎ 河豚生魚片晶瑩剔透，蘸醋而食，爽而釋甘，
餘味不盡

◎ 炭火烤炙的河豚背翅泡清酒，味濃
醇而酒洌

君會面。此時我已出版了《台灣美食通》、《口無遮攔——吃遍台灣美食導
覽》及《美食家菜單》這三部飲饌書，黃君居然全部讀過，而且能道其
詳，我們自然談得投機，頻頻舉杯暢飲。這回嚐的，是來來大飯店「桃山
日本料理」的河豚全餐，共有六道，比「中橋」多出的是「河豚豆腐」，
此菜乃將河豚絞成漿狀，添水使凝結如豆腐，魚的鮮味盡融其中，且質地
細密而有彈性，入口滑嫩外帶點咬勁，口感還算不錯，令人別開生面。然
而真正有趣的，還不全然在吃，而是把酒盡歡，頗有「置個人死生於度
外」的氣概，於是乎我們這兩個「生死之交」，一起喝酒喫肉，至今不渝。

　　我後來又去「桃山」吃了一次河豚全餐，或許少了些許豪氣，但覺平
平而已。此後，又吃一回無毒的鯖河豚料理，該店裝潢考究，服務也夠水
準，只是河豚無毒，食來不是味兒。

　　想吃好的日式河豚料理，非得赴日本不可。日本的河豚主產於本州島
東南部的福岡、岩國、下關一帶，後者尤為批發集散地，其車站附近的豐
前田町及細町餐館林立，全都以河豚料理為號召。但論風味之出眾，必以
獲得全日本第一張料理河豚執照的「春帆樓」為首選，其河豚全餐每人份

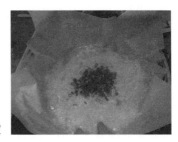

◎ 河豚雜炊

在兩萬日圓以上，價格甚昂，非一般人所能染指。

「春帆樓」的河豚全餐，菜式繁多，蔚爲大觀。其前菜爲河豚皮、紹酒釀魚生；大菜分別爲生魚片薄作、河豚涮鍋、唐揚河豚、豚翅味噌湯、白子鹽燒及河豚雜炊等。其生魚片薄作，切成紙般薄片，得「膾不厭細」之精髓，有「無聲細下飛碎雪」之妙，謂其「殼薄絲縷，輕可吹起」亦爲不過。然後在盤中擺飾成重瓣菊花狀，盛放在仕女盤錦皿上，隱約可見宛約仙子，爲其一絕。

在吃法上，亦別出心裁，附上幼嫩玉蔥，以生魚片卷食，別有一番風味。涮鍋是將其肉塊、下巴等，放入白菜、茼蒿、金針菇、香菇、昆布、豆腐的清湯鍋中燙熟，嚐其鮮滑帶勁的肉質。其尤妙者，乃白子鹽燒。此一白子，公豚方有，美其名爲「西施乳」。鹽燒既畢，整個置於柚桔玉蔥蘿蔔泥中拌食，口感類似京都絹豆腐，惟其細膩與彈性過之，難怪嚐之者趨之若鶩。

若干年前，曾赴日本山口縣的岩國市，下榻「錦帶橋溫泉飯店」，品嚐其拿手的河豚料理、箱壽司及太平湯。其河豚料理共三道，分別爲河豚生魚片、河豚天婦羅和河豚鍋物。其生魚片置天青色磁碟中，一碟約有十片，片片雪白通透，似乎風可吹起，蘸料爲蔥、薑末等，澆以些許生抽

（即新鮮醬油），入口鮮爽有勁，嚼來另有滋味。天婦羅則因其肉不含脂肪，炸後較爲乾硬，考驗牙齒能耐。而其鍋物內，於主料河豚肉塊外，亦有大白菜、新鮮香菇、大蔥、豆腐、金針菇、茼蒿、烤糬等輔料，煮成一大鍋，吃得眞過癮。

同行的六、七人，不敢吃河豚生魚片，或嚐一、兩塊即止，或根本就不吃。見我吃得興起，紛紛置我面前，一次吃個五、六十片，平生食膾多矣，若論眞正痛快，必以此爲第一。旅館主人見狀，知我是個吃家，奉贈一皿白子，讓我體會其美，這種獨沽嚐味，也算一次奇遇。

蔞蒿滿地蘆芽短，正是河豚欲上時

蘇軾有首關於河豚的詩，乃〈惠崇春江曉景〉，詩云：「竹外桃花三兩枝，春江水暖鴨先知；蔞蒿滿地蘆芽短，正是河豚欲上時。」此際楊花撲面，節近清明，正是品嚐河豚之時。說句實在話，這位大老饕如果吃的是日式製法，無羹湯鮮腴肥潤、湛然香煖之樂，他是否會拚死吃河豚，恐怕大有疑問。不過，適口即珍，只要吃得對味，都是一等一的。

已故知名作家汪曾祺曾說：「一個人的口味要寬一點、雜一點，『南甜北鹹東辣西酸』，都去嚐嚐。對食物如此，對文化也應該這樣。」就蘇軾這位大老饕來說，確實也是如此。

比方說，蘇軾貶至惠州時，初食牡蠣而覺味美，還致函其弟蘇轍說：「無令中朝士大夫知，恐爭謀南徙，以分其味。」看來他意欲據此味爲己有，且以禁臠視之了。而「日啖荔枝三百顆，不妨長作嶺南人」，亦是此時的名句。且四月十一日初食荔枝詩，即云：「似聞江瑤聽玉柱，更喜河

豚烹腹腴。」並注：「予嘗謂，荔枝厚味高格兩絕，果中無比，惟江瑤柱（即新鮮干貝）、河豚魚近之耳。」看吧！他老兄有荔枝吃，還念念不忘江瑤柱與河豚魚，這種「吃一看二眼觀三」的本能，非大老饕萬萬不能達到此一最高境界，讓人艷羨不置。

等到蘇軾貶往儋州（即海南島），因當地的生活條件很差，「至難得肉（指羊、豬、雞）食」，只好在土人「薦以熏鼠燒蝙蝠」後，終嘗其味。按熏鼠即果子狸（玉面狸）、白鼻心之屬，雖為野味，卻是佳味，亦可見其口福匪淺。

偶讀《觚賸》一書，其上記載著：「味之聖者，有水族之河鮖，有林族之荔枝，有山族之玉面狸。河鮖於桃蘇春漲時，盛鬻於吳（今江南）市，偶中其毒，或至殺人；荔枝初擘絳囊，狀若晶丸，液玉染指，啖之甘芳溢口；玉面狸以果為糧，至秋乃肥，面裹蒸食，脂凝無滲。」書中以河豚、荔枝、果子狸為味中之聖，蘇軾非但一一嘗過，而且深得其中味，以「笑傲食林」譽之，絕非溢美之辭。而我這個老饕，亦有幸品嘗此三個至味，竟可比附先賢，當是人生一快事也。

食剮鱸惹殺身禍

對付貪官污吏，清政府所使出的殺手鐧，分別是死刑及流刑。按《清朝續文獻通考》之記載：「罪莫重於死，死罪之次即爲流」。綜觀有清一代，死刑加上流刑人數最多的案子，莫過於乾隆朝的「甘肅折捐冒賑案」。

本案分成兩部分，前者的主角是浙江巡撫王亶望，後者則是案外案，其主角爲閩浙總督、兼領浙江巡撫的陳輝祖。但不管是本尊還是分身，其發生的過程或情節，倒都與吃有關，堪稱食林傳奇。

▍中飽私囊享肥缺

王亶望，山西臨汾人，其父王師曾任江蘇巡撫，算是個官宦世家的子弟，有過功名。他的發跡是由舉人捐納知縣，一生都在甘肅及浙江兩地當官。這起貪案很絕，初發生在他擔任甘肅布政使時；東窗事發之後，他已被奪浙江巡撫之官，仍留塘工自效[1]。而案發的導火線居然是甘肅連番下雨，戳破其連年虛報旱災的謊言。

---

[1] 指督導海寧海塘工程。

◎ 國子監牌坊

　　話說中國自秦漢以來，即實行捐納制度。所謂「捐納」，就是有錢人可因捐貲納粟而取得一官半職。歷代政府多因籌餉、賑災，或為興建重大工程，或為貧瘠地區儲糧而舉行捐納。「監捐」指的是具生員（秀才）資格的，可以藉輸豆、麥或捐貲之途，成為國子監生；如由平民百姓身分捐為監生的，統稱之為「例監」。而所捐之糧，則謂之「監糧」；至於當國子監生的好處，則是「得應試入官」，是條當官的終南捷徑。

　　如按甘肅舊例，百姓如捐輸相當數額的豆、麥，即直接給予國子監生之資格，算是破格恩典。乾隆三十九年（公元一七七四年），「上令罷之」，但過沒好久，又下令肅州、安西二州仍可辦理捐監，一如舊例，以備荒年急用。

　　由於甘肅地瘠民貧，且經常飽受水、旱災之苦，政府每運糧賑災，其患在費時費力。為了解決此一困擾，才在當年四月降旨，允准「收捐如舊

例」。不過，諭旨中特別交待，只准納糧捐糧捐監，不得以銀代糧（如果只收銀兩，何必多此一舉）同時，上諭亦指出倘有「濫索科派」情事，所有官員一體嚴懲。

為此，乾隆鄭重其事，特地調派浙江布政使（時亦暫署巡撫）王亶望到甘肅，負責經辦此一要務。

王師是盛清時的有名清官，以勤政愛民為當世所重，乾隆以為王亶望必能謹守家風，完成指派任務。王亶望果然是個「能」員，甫一到任，即向陝甘總督勒爾謹上個條陳，「以內地倉儲未實為辭」，請求甘肅境內「諸州縣皆得收捐」。既而，又請於勒爾謹，「令民改輸銀」。勒爾謹一一批可，任他為所欲為。

接著王亶望「虛報旱災」，並「妄言以粟治賑，而私其銀」，但這檔子事，不可能隻手遮天，於是「自總督以下皆有分」，來個集體大貪污。另，經辦人總是「過手三分肥」的，故「亶望多取焉」，也就名正言順，自不在話下了。

轉眼半年過去，王亶望交出亮麗的成績單，即「收捐一萬九千名，得豆、麥八十二萬」。數額太過耀眼，乾隆不免犯疑，認為「甘肅民貧地瘠，安得有二萬人捐監？又安得有如許餘糧？今半年已得八十二萬，年復一年，經久陳紅（指豆、麥置糧倉太久會發霉紅爛），又將安用？即云每歲借給民間，何如留於閭閻，聽其自為流轉？」於是發「四不可解」詔，詰問勒爾謹，「勒爾謹飾辭具覆」，竟然能自圓其說，將情形遮掩過去。乾隆既找不出漏洞，只得降旨稱：「爾等既身任其事，勉力妥為之可也。」

如此過了三年，王亶望等大小官員無不中飽私囊。朝廷不明究裡，還嘉獎其功勞，於乾隆四十二年時，擢升他為浙江巡撫。

四十五年，乾隆第五次南巡，來到省城杭州。王亶望盡力巴結，「供張甚侈」。皇帝看不下去，對著他說：「省方問俗，非爲遊觀計。今乃添建屋宇，點綴鐙彩，華縟繁費，朕實所不取。」並告誡他以後萬萬不許如此。其實，這已是乾隆第二次給他碰釘子了。早在三十八年時，皇帝駕幸天津，亶望所貢的方物爲一範金飾珠的如意，名貴非凡，但乾隆硬是「拒而弗納」，讓他馬屁拍在馬腿上，摔了個大跟斗。

第二年時，厄運終於降臨。乾隆派大學士阿桂赴浙江勘驗海塘工程，時亶望因「忘親越禮」（亶望於前一年，即乾隆四十五年，因居母喪，曾上疏治喪百日後，留塘工自效，蒙皇帝准許，但他卻不遣妻孥還故里行喪禮，有違禮制），被接任巡撫李質穎擺了一道，雖奪官，但仍留塘工自效。阿桂抵浙後，上疏皇帝，告以杭嘉湖道王燧貪縱枉法及前任嘉興知府陳虞盛浮冒公款等劣行。乾隆覽奏，降旨云：「朕上年南巡，入浙江境，即見其侈靡，詰亶望，言虞盛所爲。今燧等借大差之名，貪縱浮冒，必亶望爲之庇護。」遂下令逮捕王燧嚴鞫，務求得其實情。凡稍具政治敏感度的人，都知王亶望已禍在眉睫。

事情終於爆發了。剛好甘肅河州回酋蘇四十三率循化廳撒拉族、回族再度稱兵作亂，勒爾謹所部屢敗，皇帝指責他「觀望失機」，奪官，且被逮捕下獄，由李侍堯接任陝甘總督，並派阿桂赴隴視師。大軍未至，令尚書和珅先行。和珅一再上疏，言入甘肅境內即遇雨，阿桂也上報指出同一狀況。乾隆仍很精明，因而懷疑甘肅頻報歲旱不實，諭阿桂及李侍堯具實上報。

他們的上疏，明白指出王亶望種種不法的情事。乾隆大怒，先遣侍郎楊魁如會同兼領浙江巡撫的陳輝祖召亶望嚴詞訊問，亦抄其家，「得金銀

逾百萬」。其後，乾隆駐蹕承德的避暑山莊，將逮捕來的王亶望、勒爾謹及甘肅布政使王廷贊等，交由諸大臣會審。於是亶望招供他如何「發議監糧改輸銀，令蘭州知府蔣全迪示意諸州縣僞報旱災，迫所轄道府具結申轉；……皋蘭知縣程棟爲支應，諸州縣餽賂率以千萬計」等情。

定讞之後，上令斬王亶望，賜勒爾謹自裁，王廷贊論絞，拚命在蘭州斬蔣全迪。然後由阿桂按治各州縣，凡冒賑至二萬兩以上者，一律處死。此案總計前後正法五十六人，流放者亦達四十六人，堪稱乾隆朝數一數二的大獄。

陳輝祖的手腳也不太乾淨，他在抄王亶望家時，不但「匿金玉器」，且「與原冊有異同」，被查明後，依律論斬。幸好乾隆可憐他，說：「陳輝祖所犯的罪，固然不可原諒，但與王亶望比起來，終究不同。《左傳》上說：『與其有聚斂之臣，寧有盜臣。』輝祖只是個盜臣，改判監候即可。」

另，據《清史稿》稱：王亶望「在官尙奢侈」，故他府上被查封時，「庖人方進燕窩湯，列屋皆然；食厭，多陳几上；兵役見之，紛紛大嚼，謂之『洋粉』云。」[2]抄家本是大肥缺，但在當差時，還有珍貴海味可享，此中「樂」趣，固不待言。

▌血海肉林享驢肉

雖天天都有山珍海味可食，但論起王亶望的最愛，卻是一道慘無人道

---

2 見王妾吳卿憐之詩注。

的「炒驢肉絲」。原來他酷嗜驢肉、尤好驢肉之絲。據前人之筆記云：其廚房內飼有肥健之驢數頭，由專人負責餵養。只要他老兄一吩咐：「炒驢肉絲」。廚子便拿把利刃，相準驢身肥腴部位下手，血淋淋地割下一塊，洗淨切絲，現炒上桌。驢身被割之處，則以紅鐵烙之，其血自然中止。此一零零碎碎，不知伊于胡底，才得解脫之刑，其手法之殘酷，令人不忍卒睹。難怪一些談因果的書，針對王亶望的悽慘下場[3]，都說成是「現世報」。

其實，這種剮烙驢肉的吃法，早在明代即有。閩人謝肇淛的《五雜俎》上即云：「驢羊之類，皆活割取其肉，有肉盡而其未死者，冤楚之狀，令人不忍見聞。」又說，當時有地位的太監頭與所謂「皇親」，皆好此一吃法，「血海肉林，恬不為意」。

另依《梅溪叢話》的記載：清朝初年時，山西太原城外的晉祠附近，有家酒樓名「鱸香館」。它的招牌菜名不副實，不是蒸鱸肉，而是煮驢肉，只不過是假借其音而已。其法乃將一頭驢養至肥壯，於動手烹飪前，先用燒酒灌入其口，再以枝條拍打其身上每一部分，目的在使酒散行至驢全身上下；接著把驢四足緊綁在地上四個木樁上，然後用一根木頭平放在驢背上，依序將驢頭、身、尾緊綁其上，使其動彈不得。要割取驢肉時，先以百滾湯澆淋其身，將毛刮個乾淨，最後依客人中意的部位，用快刀割取。其腿肉、肚膪、背脊及舌、尾、鞭等，各有垂涎者，全在下鍋前零割。現場則血水淋漓，哀鳴之聲刺耳，悠長不絕。尤其可怖的是，當食客在品享其美味時，門外的驢兒還活著哩！

王亶望的家鄉離太原省城不遠，他之所以特好此道，應是從小耳濡目

---

[3]　其本人處斬；兒子王裘被奪官，流放伊犁；幼子逮下刑部獄，年至十二，即次第遣發，逃者斬。見《清史稿》。

染，且曾大快朵頤的緣故。

俗諺云：「天上龍肉，地下驢肉。」一說為驢肉之味香美，可比美龍肉[4]；另一說則謂此龍乃天龍（松雞的一種），兩者並列，都是肉類中滋味最棒的。

大體而言，中國在秦以前之文獻，未有驢的記載，《史記》稱其乃「匈奴奇畜，即驢、騾也」。因似馬而長耳，別號「長耳公」。中國內地的驢，係由亞洲野驢經長期的人工馴化而來，約在漢代從西域傳入。其型態較馬為小，頭大耳長，無鬃毛，鬣毛稀短。背稍隆，腰短而堅實，尾根無長毛，尾端長毛稀短。其四肢細而長，僅前肢有附蟬，蹄形小而直立，蹄質甚為堅硬。能耐饑渴，性子溫順，但具備膽怯而又執著，善走卻不善馳的特色，一向被視為蠢物，武則天在位時，還曾斥其為「精神極鈍」。

驢之毛色有灰、黑、青、棕四種，以灰色居多。品種則因各地自然條件之不同而有不小的差異，中國所產的，一般分成大、中、小三型。大型驢主要分布在渭河流域和黃河中、下游平原地區，體高一三〇至一五〇公分，主要品種有關中驢、德州驢、渤海驢等。其中，關中驢肉質最佳，醃臘之後，廣銷各地。中型驢主要分布在華北平原、河南西北部、陝西北部和甘肅東部，體高約一一〇至一三〇公分，主要品種有陝西佳米驢和河南沁陽驢等。而又稱「毛驢」的小型驢，則廣泛分布於西北、華北、西南、東北、內蒙等丘陵地區或荒漠地區，西藏牧區亦有養殖，體高約在八十到一一五公分之間。王亶望所喜食者，想必是驃健肥碩的關中驢。

由於驢肉易含致病之微生物，不宜生食；且在烹製時，不適合炒、爆

---

[4] 龍肉不可能吃到，事實上，已推崇它為肉類之冠。

等快速成菜的方法，即使嫩滑異常，終究不夠衛生。另，驢肉帶有腥味，欲除其腥，可通過加入薑片、蔥結、黃酒、花椒等增香的去腥料，經水煮後完成之。

中醫認爲質地細嫩、味道鮮美的驢肉，其味甘酸，性平，能補氣血，益臟腑，對於積年勞損、久病不癒、氣血虧虛、短氣乏力，倦怠羸瘦、食慾不振、心悸失眠者，皆有一定的補益及食療作用。故經常食用，可治「憂愁不樂，能安心氣」（唐本草學者孟詵之語）。

▋眉飛色舞最是現煮熟驢肉

然而，在享用驢肉之際，尚有些飲食禁忌。宋人吳瑞便指出：「食驢肉，飲荊芥茶，殺人。妊婦食之，難產；同鳧茈（荸薺）食，令人筋急。」

在七○至八○年代時，驢肉在台灣有得賣，但數量甚微，店家有限。已故的美食大家唐魯孫先生曾說：「在台北永和竹林路，有家北方人開的小館叫『來來順』，有驢肉賣。做法分滷煮、椒鹽兩種。驢肉是從北美直接進口的，每天能賣一百多斤，每斤四百元，顧客以直、魯、豫三省人士較多」。同時，他憶及自己早年在北京的一些情景，道出：「賣驢肉的，雖也屬於白櫃子（即白碴木頭不上漆）一行（意指這行人乃揹著木頭櫃子，沿街叫賣熟肉的小販），可是驢肉總歸不算一種正常肉食，所以，衹能用篠條編的筐子，而且掌燈後，才准上街叫賣。到了北洋政府，軍閥當權時期，嗜食驢肉者多，……就不完全夜行了。……北平賣驢肉的，還附帶賣驢腎，一律盤在筐底，有主顧買，才拿出來切，因爲切出來像銅

◎ 中國大陸常見的驢肉禮盒

錢，因此叫『錢兒肉』，切時多採斜切，故此又叫『斜切』。」看來舊日北京賣驢肉的名堂還眞不少，而他所稱：「據此中饗餮們談：『驢肉比牛肉味道香腴，含熱量高，肉的纖維細而無筋，冬季吃驢肉可以暖肚防寒』」數語，一屆北風起兮，尤讓人嚮往之至。

當年不光永和竹林路的「來來順」有得賣，我亦風聞台北永康街的「同慶樓」[5]亦有售，不知何故？始終未往一嚐，至今思之，仍引爲憾事一椿。

幸好口福還不錯。十年前，蒙逯耀東教授之賜，得嚐陝西鳳翔的臘驢肉，它用眞空包裝，一開啓即食罷，以二鍋頭佐飲，滋味眞正不凡。以後，陸續吃過幾回，搭配青蒜、香油來吃，甚妙。猶記吾大弟子李昂赴絲路旅行前一夜，我們數人共品此物，皆盛讚其味甚美。李昂歸後，談及她在甘肅吃過現煮之熟驢肉，其味更勝於臘製品，言訖眉飛色舞，難掩自得神情，是以她不勝之喜。

幸好我的口福還眞不錯，憶及好幾年前，二弟子于美人因故前往天津，臨行前，問我最思何物？便告以曾品嘗過當地著名的「津酒」[6]。結果

---

[5] 今已遷至台北市遠企附近巷裡。
[6] 此酒爲濃香型大麴白酒，入口綿甜爽潤，回味純淨悠長，有「口味香醇風格純」之譽。

她返台當晚，即攜回三瓶，分別是一般的、五年陳釀的和年陳釀的，由夫君送到舍下，另備有祕密武器一大包，經告知後，方知她一早逛市場時，望見剛滷好的驢肉，香噴噴地，好不誘人。於是切了半斤，再買些燒饃，火速帶回，盼我大快朵頤云云。

　　我感動之餘，即欣然笑納。待擘開燒饃，嵌入滷驢肉，搭配著津酒，肉滑腴甚嫩，饃香而酒潤，真的很對味，我細品慢嚐下，居然肉盡瓶空，這種痛快勁兒，雖濟顚亦弗如。

大乾鮑水漲船高

　　嚐過阿一親烹三頭大乾鮑的前總統李登輝，在二十世紀末的那次總統大選時，曾痛批其中的某候選人，其作風像極王莽，是個「壞人」。此論調一出爐，馬上引起回響，有人立予聲援，有人斥為妄談，打了一些筆仗。究竟嗜食鮑魚的王莽倒底是個好人，還是個壞人？本就難以一言而決，更何況他是一個極具爭議的歷史人物呢！

▌廣結善緣的政治高手

　　《呻吟語》上寫著：「名心盛者必作偽。」縱觀王莽的一生，就壞在「下士好名」上。早年便運用此招博得一些美譽，後來則變本加厲，終至和平移轉政權。只可惜人謀不臧，搞得天怒人怨，導致邊患不斷。

　　王莽的身世非比尋常，他的姑母為皇太后，家族中有九人封侯、五人位居大司馬大將軍。只是他的父親早死，還沒趕得上封侯，以致家貧勢孤。絕不像他的那些堂兄弟們，個個窮奢極侈，彼此間以車馬、聲色及縱情遊樂來一較高下，全是一副敗家子模樣。在這種情形下，他那對人卑躬屈節、恭敬謙遜，勤苦修業、博學多識，穿著一如儒生，行為檢束端正的

◎ 王莽像

形象便更顯得突出。同時，他對外廣交英俊有識之士；對內則侍奉伯叔，禮貌殷勤而周到，博得極好的名聲。等到他伯父王鳳[1]患病，王莽「侍疾，親嘗藥，亂首垢面，不解衣帶連月」。王鳳大受感動，在臨死前，託請太后姊姊及外甥皇帝，讓王莽擔任皇帝的隨從（即黃門郎），後又陞任射聲校尉，正式步入政壇。

　　過了一些時日，在一些名士的稱譽下，皇帝「由是賢莽」，封王莽為新都侯，再陞任騎都尉、光祿大夫、侍中。由於王莽在宮中值宿警衛，認真謹慎，而且「爵位益尊，節操愈謙」。此外，他常「散輿、馬、衣、裘，賑施賓客」，故「家無所餘」，加上又懂得「收贍名士，交結將相卿大夫甚眾」，於是「在位更推薦之，游者為之談說」，以致「虛譽隆洽」，超過其伯叔父。照這麼看來，王莽的確是個長於廣結善緣的政治高手，曉得拉抬身價，並運用各種造勢，塑造成政治明星。

　　接著，王莽於三十八歲出任大司馬大將軍，「繼四父而輔政」，他為了「令名譽過前人」，便「克己不倦，聘諸賢良，以為掾吏（即屬官）；賞賜邑錢，悉以享士」。不僅如此，他更加節儉。有次母親病了，「公卿列侯遣

---

[1] 時任大司馬大將軍，為朝廷實際掌權者。

夫人問疾，莽妻迎之，衣不曳地，布蔽膝。見之者以爲僮使，問知其夫人，皆驚」。他竟能使夫人作僮婢打扮以見外客，比起「公孫布被」的道行來，似更勝一籌。不過，王莽之妻可能自嫁入王家以來，就跟著他過慣儉樸的日子，硬要說成一定是矯情干譽，恐怕有失公允。

　　王莽雖位極人臣，但仍想更上層樓。在第二次執政後，更是如此。爲了鞏固權勢，凡「附順者拔擢，忤恨者誅滅」。先以「王舜、王邑爲腹心，甄邯主擊斷，平晏領機事，劉歆典文章，孫建爲爪牙」，然後「（甄）豐子尋、（劉）歆子棻、涿郡崔發、南陽陳崇皆以材能幸於莽」。從此之後，王莽「欲有所爲」，即先露一點神色，他的黨羽們無不「承其指意而顯奏之」，他老兄則「稽首涕泣，固推讓焉」。這招果然管用，竟達到了「上以惑太后，下用示信於衆庶」的目的。

　　起先，王莽暗示益州官員，「令塞外蠻夷獻白雉」，他再「白太后下詔，以白雉薦宗廟」。群臣於是順水推舟，奏言太后「委任大司馬莽定策安宗廟。故大司馬霍光有安宗廟之功，益封三萬戶，疇其爵邑。」[2] 這個封賞未免太厚，太后便問公卿們說：「眞是因爲大司馬有大功應當表彰呢？還是因爲是自家骨肉就想特別的封賞呢？」群臣於是盛陳「因爲王莽的功勞極大，才獲致周公輔佐成王時出現白雉的祥瑞，此乃千年出現一次的效驗。依據聖王之法，臣子有大功，應趁他活著時，就賜他美好的稱號，所以，周公還在世時，就用周來做稱號。今王莽有安國定漢的大功，宜賜號叫『安漢公』，並加封食邑的戶數，使其子孫世襲原來爵邑。也唯有這樣，才能上應古制，下準行事，以順天心。」太后於是命令尚書備辦此事。

2　漢律規定，世襲爵邑，每一代遞減十分之二。疇乃齊等之意，即不再減少，比蕭相國（即蕭何），莽宜如（霍）光故事。

王莽不愧是大內高手，懂得以退爲進。他立刻上書說：「臣與孔光、王舜、甄豐、甄邯共定政策，今願獨條光等功賞，寑（意捨棄）置臣莽，勿隨輩列。」甄豐將上情具奏太后，懇請她下詔給王莽說：「『無偏無黨，王道蕩蕩。』有親屬關係的，照理不該偏袒。你有安邦定國之功，不可因是至親骨肉之故，便遮掩而不表揚。你不可再推辭了。」王莽再度上書謙讓。經過一番折騰，結果「以召陵、新息二縣戶二萬八千益封莽，……疇其爵邑，封功如蕭相國。以莽爲太傅幹四輔之事，號曰『安漢公』。以故蕭相國甲第爲安漢公第，傳之無窮。」他本身已加官晉爵增俸，而且孔光等四人亦受封賞，但好戲還在後頭，高潮迭起，精采萬分。

王莽隨後在「惶恐」及「不得已」的情況下受策[3]。但他只願接受「太傅安漢公」的尊號，除了讓還益封及疇爵邑外，並表示希望百姓們都豐衣足食後，再來接受封賞。在群臣力爭下，太后下詔說：「將安漢公的俸祿，私府的官員、朝廷的賞賜全比原有的增加一倍。至於百姓們何時家給人足，大司徒與大司空要及時上報。」王莽還是謙讓，不肯接受，同時建議，應當冊封各位侯王的後裔和高祖以來功臣的子孫，大的封侯，有些尚可賜給關內侯的爵位與食邑。然後，再按照等級順序封賞目前在位的大臣。並且要「上尊宗廟，增加禮樂；下惠士民鰥寡，恩澤之政無所不施」。

這個忸怩作態、精心策畫的超級自肥、梆椿及全民社福專案，全由國庫買單，自己卻落個美名及實惠，眞是最高政客藝術，放眼古今中外，應該無人可及。

此後，他個人的聲望逐漸攀升，先加上「宰衡」的職銜，地位爲上

---

3 帝王授爵命官的一種符信。

公，接著受「九錫」、「漢光邑」，已是古今第一名利雙收的權臣了。但他食髓知味，仍不滿足，搞起來更是得心應手，如火如荼。先是鼓動滿朝文武，上奏太后說：「臣等請求安漢公暫居帝位，代天子執政，穿戴天子衣冠，……祭享神明，祝辭中自稱『假皇帝』，官民則稱他為『攝皇帝』。……只在朝見太皇太后及皇帝、皇后時，才須恢復臣子的身分。……」等到太后批可後，第二年便改年號為「居攝」。距離當真皇帝，只差了一小步。

等到王莽和平轉移政權，如願當上皇帝後，便改國號為新，代漢而有天下。為了實現其政治理想，展開所謂的「託古改制」。

王莽的改制，堪稱「前不見古人」的創舉，立意雖善，卻以慘敗收場，令人不忍卒睹。總結其失敗原因，已故史學名家黃仁宇即表示王莽係用「一種象徵性的指示當作實際的設施，注重視覺、聽覺上的對稱均衡，不注重組織的具體聯繫」。所以，這種以「事前造成理想上的數學公式，兜須在真人實事上」的離奇辦法，注定他走入個人失敗、整個王朝覆滅及賠上全國一半人口性命的悲慘下場。

不過，有書獃子習氣的王莽，其土地國有、政府經商的農業及商業政策，其理想為農民都有田種，貨物既流通，價格又公平，並使高利貸絕跡。且為度過財政難關，竟一再將公務員減薪，使公卿以下之月祿，才得帛一匹，其影響所及，則是「課計不可理，吏終不得祿」，搞得人心惶惶。到此關頭，他還妄想所有的改革，只要一紙文書頒布，便能連臂指使，天下恪然景從，未免也太樂觀。即使他通宵達旦、日以繼夜的工作，在舉措乖張下，勤政全無意義，不僅累壞自己，也拖垮了國家。

因此，唐代大詩人白居易在江陵時，所撰『放言』長句詩五首之一

的：「贈君一法決狐疑，不用鑽龜與祝蓍，試玉要燒三日滿，辨材須帶七年期；周公恐懼流言日，王莽謙恭下士時，向使當時身便死，一生眞偽有誰知。」意古而詞新，可謂定評。

▍王莽嗜食乾鮑魚

由於王莽酷嗜鮑魚，宋人陶穀在《清異錄》一書內，便戲稱鮑魚爲「新餐氏」[4]，意爲王莽所飽餐的那個東西。另，「療饑無術，清醉有材」的鮑魚，只因王莽特愛，遂「物以人汙，百代寧洗」（顯然他也認爲王莽是個壞人）。此外，陶穀還給鮑魚取個綽號叫「輔庖生」（意爲輔助庖廚的儒生）。

在此必須一提的是，王莽在度量衡的改革上，成效斐然。其所製作的度量衡標準器[5]，據吳承洛《中國度量衡史》的講法，「整個中國度量衡實制，幾可全由此器證實之」，故有「極大之價值」。且此天下所用的「莽之器，使後世所傳者，亦莽之制。無論後世用器實量之增損如何，而所採據以爲較量之準者，無非莽制莽物」。而今市場上銷售乾鮑魚，有按頭數（即個數）計數的習慣，即每一市斤（五百克）二個頭、五個頭、十個頭、二十個頭不等。頭數愈少，價格愈貴。因而有「有錢難買兩個鮑」之諺。王莽改制度量衡，確定了「二十四銖爲兩，十六兩爲斤，三十斤爲鈞，四鈞爲石」的標準量及十尺爲丈，十丈爲引，尺的十分之一爲寸，百分之一爲分的標準度，實與所嗜的鮑魚以頭計收之法若合符節，實在挺有

---

[4] 「新」指的是王莽一手創建的王朝。
[5] 唐人李淳風稱爲「王莽銅斛」，民初國學大師王國維叫作「新莽嘉量」。

◎ 鮑魚原貌

意思。

　　鮑魚爲軟體類烹飪食材，古稱鰒，又稱鏡面魚、明目魚、石決明肉、九孔螺、千光里，俗名則有耳片、趴鍋、海耳、九孔等。明清時期，鮑魚列爲「八珍」，成爲名貴的烹飪食材之一，近則身價陡漲，號稱「海味之冠」。

　　當今全世界的鮑魚，計有百餘種。中國北方沿海盛產盤大鮑（又稱大鮑、黑鮑）、皺紋盤鮑等；南方沿海則主產雜色鮑（又稱九孔鮑、常節）、耳鮑、半紋鮑、羊鮑等。王莽所食者應爲黑鮑無疑。

　　在每年七至八月時，水溫升高，鮑魚會向淺海作繁殖性移動，俗稱「鮑魚上床」。這時候，它的肉足特別豐厚，性腺發達，最爲肥美，乃採捕的最佳季節，故漁諺有「七月流霞鮑魚肥」之說。由於孕育鮑魚的海域，其環境得含鹽分高、水流湍急、水質清澈、背風背流與海藻茂密的岩礁區，是以天然產的鮑魚數量有限，價格因而十分昂貴。自二十世紀七〇年代以來，因人工養殖成功，產量正在穩定成長，但數量仍不多，尚有成長空間。

113

王莽所食的，應是乾鮑魚，因鮮鮑每百克即含約十九克的蛋白質，另含有二十幾種氨基酸，容易腐敗，惡臭難聞。他所處的年代，交通不很發達，往返頗費時日，當然路遠莫致。而此乾鮑魚的正品須形狀完整、大小均勻、色澤淡黃，微有磯味香氣，呈半透明狀，一稱明鮑。如色澤灰暗，不透明，表面有白霜，或有潮軟感者，乃是次貨，通稱灰鮑。

　　又，乾鮑魚本身堅硬如石，故烹製前須漲發。其漲發之法有蒸發、煮發、鹹水發及硼砂發等數種。凡經發製後的鮑魚，必色呈乳白，肥厚柔滑。早年北平譚家菜的紅燒鮑脯，極負盛名，因其「滑軟鮮嫩，吃鮑魚邊裏如啖蜂窩豆腐，吃鮑魚圓心，嫩似溶漿，晶瑩凝脂，色同琥珀」，故頗受張大千的青睞，譽之爲「極品」。

　　已故美食家唐魯孫先生曾撰文指出：「譚府所用的鮑魚，據說都是從廣州整批選購來的，過大過小都要剔除。鮑脯發足後，要跟小湯碗一般大小，才能入選。」至於其做法，則是「先把新的細毛肚手巾，在原隻雞湯煮透待涼，然後用手巾把發好的鮑魚，分隻包緊，放在文火上慢慢烤燉，接近收乾」，此時的鮑魚因「肌理纖維全部放鬆，自然鮮滑泹潤」，一送入口中，即「不勞尊齒加以咀嚼，自然柔溶欲化」，看後直讓人猛淌口水。據我個人研究，當時譚府用的乾鮑魚，應是出自日本青森縣的網鮑。此鮑底闊而平、體積較大，鮑身肉厚，特別柔嫩。可惜青森縣近年由於海水污染，鮑魚難長，質量下降。而當年所製成的上品早已被有心人士收購，就算閣下不惜腰中萬貫錢，也難一膏饞吻了。

　　目前烹製乾鮑魚最知名的大廚師，乃香港富臨飯店負責人楊貫一，他所用的鮑魚，爲產自日本岩手縣的吉品鮑（一名吉濱鮑）。此鮑魚的乾品，形狀好似元寶，入口甚有嚼頭，而且「魚」味十足，廣受人們歡迎。

◎ 鮑魚的價格超越魚翅，而後來居上。

楊貫一在料理時，於浸發完畢，先以竹筍墊砂鍋內，再逐層放置氽過的排骨、老雞及鮑魚，傾入老雞與金華火腿熬成的高湯吊味。據云十二頭鮑須煨上八個鐘頭，個頭大的如三頭鮑，通常要煨上十二個小時，只有這樣，才能入味，離火奉客。

如此煨透的鮑魚，外觀會呈現亮潤的咖啡色澤，微香釋出，至為誘人。正中的魚心尤其糯軟，他得意的名之為「糖心」。吃時宜以筷子或叉子自中央插入，接著湊進嘴邊，從外緣依次旋轉吃起。再由外而內，漸及於糖心。此法一如倒吃甘蔗，號稱愈吃愈有滋味。

我曾吃過其親炙的鮑魚並在「新同樂餐廳」嘗過號稱他事先發好，再空運過來的「飛機鮑」。或許是我阮囊羞澀（事實已很可觀），吃的只是不入流的十二頭鮑或二十頭鮑，覺得不過爾爾，似乎名過其實。

香港在二十世紀六〇年代初，乾鮑還不頂貴，排在魚翅之後，經過有心人士一再哄抬，才後來居上，列名第一。這情形好像王莽經再三造勢後，已當上了「假皇帝」，但仍不忘積極運作，直到成為如假包換的真皇帝，從此君臨天下。二者雖手法及目的均不相同，卻都如願地登上頂峰，可謂異曲而同工。走筆至此，能不廢筆而嘆嗎？

時興年菜佛跳牆

　　二十年來，台灣地區每逢過年時，最常見的年菜之一，即是裝罐出售的佛跳牆，或販售於市場，或外送到府上，形成一股風潮。各大觀光飯店見狀，也跟著推出各式各樣的佛跳牆，其名目繁多，其著者有：「九華佛跳牆」、「魚翅佛跳牆」、「藥膳佛跳牆」、「養生滋補佛跳牆」等。它們共同的特色為售價驚人，由萬把元到好幾萬千元不等。這比起市場出售的六、七元至千餘元一甕的佛跳牆來，落差可達數十倍以上或更多，其間相去，不啻天壤。

　　關於「佛跳牆」一詞的由來，首見於宋人陳元靚的《事林廣記》一書，但其做法與用料，則與目前習見的各式佛跳牆完全不同。而在一般人的印象中，佛跳牆這道菜得名的原因有二：

　　其一是因為此菜太香，香得連我佛都失去定力，竟跳牆去偷吃了。這話毫無根據，應是想像力太豐富所致。

　　其二則是出自台灣史學名家連橫[1]所著的《雅言》，書上寫著：「佛跳牆，佳饌也，名甚奇，味甚美。福州某寺有僧不守戒，以豬肉、蔬、笋和

---

[1] 連戰的祖父。

醬、酒、糖、醋納甕中，封其蓋，文火熏之，收時可熟。一日為人所見，僧惶恐跳牆而逃，因名之曰『佛跳牆』。台灣亦有此饌。」此說實不知其所本，但此菜由清末傳入台灣，倒由此得到佐證。

小媳婦試身手試出一罈好味道

另，當下佛跳牆的燒法，也有幾個說法，且一一列舉於下：

其一為從試廚演進而成。原來福建風俗，凡是新婦過門，都得一試身手，俗稱此為「試廚」。這不但是對新媳婦主持中饋本領的測試，同時攸關這新嫁娘今後在公婆眼中的地位。相傳有一從小嬌生慣養的女子，與君子一樣，從不近庖廚。臨出嫁之前，天天為此發愁。其母乃烹飪高手，為免愛女獻醜，便將家中各種食材，一一配製成菜，並以荷葉包裹，反覆叮嚀燒法。待那新婦下廚，解開各式包裹，堆了滿滿一桌，不知從何下手。正無計可施時，又聽婆婆要來，她怕當場漏氣，見桌邊有個酒罈，就把全部食材倒入罈內，匆匆用荷葉封住罈口，置於快熄火的灶上，以文火慢燉。「菜」完成後，掀去罈蓋，濃香四溢，賓客們無不鼓掌叫好，她從此深獲翁姑的歡心，這就成了日後的佛跳牆。

其二為由乞丐靈感啟發。據說一幫要飯的乞丐，每天拎著破瓦罐沿街行乞，再把飯鋪裡討得的殘羹剩飯，加上一點殘酒，當街回燒，「奇」香四溢。有一天，這縷奇特菜香觸動一飯鋪老闆的靈感，於是把各種食材加上酒等調料，雜燴於酒甕中，因而創造了佛跳牆這一奇菜。

其三為自「羅漢上素」變成。此說設想出奇。傳聞某年春天，有一群仕人到福州城外郊遊，舉辦野炊，就地取材，並在空酒罈中煨個大雜

燴。由於下料不俗，有北菇、木耳、金針、竹筍、雞、鴨、豬、牛、魚、蝦、蟹等品，煨熟啓罈，奇香爭出，源源不絕。馬上引來鄉土俗客，還驚動了鄰寺好奇的和尚。由於此一奇菜酷似「羅漢上素」[2]而又勝於「羅漢上素」，不但令旁觀者大開眼界，也贏得和尚們的迭聲讚詞。

其四爲來自明宮「燴三事」。明太監劉若愚在獄中撰《酌中志》，其〈明宮史‧飲食好尙〉一節云：「先帝（指明神宗）最喜用炙蛤蜊、……又海參、鰒魚（鮑魚）、鯊魚筋（魚翅）、肥雞、豬蹄筋，共燴一處，名曰『三事』，恆喜用馬。」這是用海參、鮑魚、魚翅爲一事，再加肥雞和豬蹄筋爲另二事，然後以小火煨燴而成的宮廷大菜。就其內容觀之，實已具備現今佛跳牆的雛形。

其五爲由鄭春發集大成，當今閩菜宗師強祖淦[3]的說法，清穆宗同治年間（公元一八六二年至一八七四年），福州官錢局（隸屬藩庫）的長官在家宴請其上司布政使[4]周蓮。該長官的夫人爲浙江人，是個烹飪高手。她同家裡的廚子將雞、鴨及一些海味，置於紹興酒罈中，再以小火煨製成肴。周蓮食罷，讚不絕口，回到衙內，便要在他府上擔任主廚的鄭春發依式製作。鄭燒了好幾回，不是那個味道。周蓮於是親自帶著鄭春發到官錢局，向長官的夫人請教。回來後，鄭春發增添山珍海味，又改進一些烹飪工藝，味道遂更勝於官錢局長官夫人的本尊風味。

---

[2] 即最高檔的羅漢齋或羅漢菜，凡用料多達十八種者，亦稱「羅漢全齋」，意爲十八羅漢，一個不少。

[3] 生年逾百，擅製佛跳牆。

[4] 職掌全省的民政和財務，又稱藩臺，是僅次於巡撫一級的從二品官員。其衙署大門內右邊是儀門，儀門內則是存放銀兩錢財的藩庫，一些挑夫會將外頭貼上封條，裡面盛滿銀子的木桶送來，然後由眾官員和衙役進行銀兩的抽查、清點和入庫等工作。

以上的五個說法中，第一說及第二說由著名社會學家費孝通所記，純屬道聽塗說，根本不可採信，但卻拈出了佛跳牆原爲大雜燴本質的這一事實。第三說亦屬無稽，可以不必理會，但點出古早佛跳牆用十八種主料的緣由。歷史小說名家高陽認爲第四說乃一「海味佛跳牆」，雖有創見，但乏佐證。不過，它如與第五說一併觀察，應可推斷出：明代宮廷菜「燴三事」傳入民間後，由福州官錢局長官的夫人習得，烹具改用浙江的紹興酒罈，其烹法日後再從鄭春發的手上發揚光大的結論來。

鄭春發的奇遇，始於十三歲入福州「春元館」習藝時。其師父愛他聰明伶俐，入師才三年，即帶他赴蘇州、杭州、京師、廣州等地遍訪名廚，在習得一身兼具南北各路菜肴的技藝後，回到了福州。最初在布政使周蓮的府上掌廚。後來辭廚，先後開設「三友齋茶館」及「聚春茶園」，再集資創辦至今仍名聞遐邇的「聚春園」。由於他曾在藩台衙門內主廚，藉著這層關係，他一口氣包辦了當時位於福州的布政使司、按察使司、糧道及鹽道四衙門的伙食與宴會，成爲官商聚會宴集的所在。其盛況，則一如其大門前所懸掛的那副嵌字聯：「聚多冠蓋；春滿庭院。」

此後，福州菜成爲福建菜的主流；「聚春園」則是福州菜的正宗；而那號稱「首席閩菜」的佛跳牆，更是「聚春園」的第一拿手菜，其影響力並及於台、港、澳及嶺南等地，迄今不絕。

「聚春園」的佛跳牆，起初叫「罈燒八寶」，後爲符合官場喜討好口采的需要，改稱「福壽全」。據說「福壽全」剛問世時，由於味道極佳，吸引各地老饕慕名而至。有一天，幾位秀才聽說「聚春園」能烹製異香奇味的別致珍肴。乃相約到飯館裡點享。堂倌捧了一個酒罈放在他們桌前，啓開罈蓋，滿堂飄香，品嚐之後，陶然欲醉，拍案叫絕。

當酒過了三巡，有人提議賦詩助興，其中一秀才即席吟「罈啓葷香飄四鄰，佛聞棄禪跳牆來。」頗能拈出此菜魅力，眾人無不齊聲稱妙，建議不妨將「福壽全」改名「佛跳牆」，鄭春發樂得棄俗從雅，從此之後，就叫「佛跳牆」了。

當然並不是每個人都贊成以上說法，有人更以為「福壽全」與「佛跳牆」二者，如用福州話發音，其實非常相近，當係以訛傳訛所致。只是這種觀點，流於猜想臆測，未獲普遍認同。

▍汁寬味濃、口味醇厚，全看火候

早期的佛跳牆，仿「羅漢全齋」之例，由海參、鮑魚、魚翅、乾貝、魚肚、全雞、全鴨、鴿蛋、鴨胗、火腿、羊肘子、豬蹄尖、豬蹄筋等十八種原料，以紹興酒罈煨成。後為使滋味更勝，主料增至二十餘種，輔料也有十來種之多。其在煨製時，須把各食材依其熟爛難易程度，層次分明且均勻地置於紹興酒罈中，選質優無煙的木炭生火製作。而在整個煨製的過程中，只能掀蓋加料[5]一次，以免煨後軟爛不均，因而影響口感。

準此，其入湯要準確，過多不易吸收，量少則易焦枯。所以，煨製佛跳牆必須掌握兩個關鍵，那就是時間和火候要拿捏得恰到好處，才能汁寬味濃，口味醇厚。通常要三個小時，而且是一氣呵成，臨吃再離火上桌。

佛跳牆自打出名號後，鄭春發覺其稍嫌葷膩，再著手進行改良，推出除主菜之外，另，搭配醬酥核桃仁、糖醋蘿蔔絲、麥花鮑魚脯、酒醉香螺

---

[5] 此次加的是刺參、蹄筋、魚唇、魚肚。

◎ 形色古雅、精緻，仿造酒罈的
瓷樽裝著美味的佛跳牆

片、貝汁魷魚湯、香糟醉肥雞、火腿拌菜心、多菇炒豆苗八圍碟，外加兩碟小點（即銀絲卷和芝麻燒餅）和甜食冰糖燕菜，最後再上應時鮮果，合成一桌「佛跳牆」全席。因席間有葷有素，有酸有甜，口味協調，錯落有致，故博得方家一致讚譽，進而轟動全闈。

名史學家亦是美食家的逯耀東曾言：「香港的酒樓入冬以後，也有以佛跳牆全席為號召的，只是所用的盛器，不是紹興酒罈，而用錨花的細磁罈，這種罈子當然不能在火上煨。想必是各種材料事先煮好，臨時加湯稍蒸而已。」即便如此，香港一盅十人吃的佛跳牆，索價至兩、三千元港幣的[6]，比比皆是，讓人咋舌，不敢染指。

比較起來，台灣一些小館子的佛跳牆，又何嘗便宜了？猶記得十六年前，我在台菜老店「古月」喫個佛跳牆，其料頗多，其味略鹹，但鮮醇可口，算挺不錯的，索價好幾千，很使我心疼。另，位於台北市中山北路二段一三七巷內的「明福台菜海產」，其重頭大戲的佛跳牆，六年前吃時，一甕竟九千，雖料實味醇，但滿驚人的，忍痛吃一回，就算貴了點，比起一些華而不實、嘩眾取寵的西貝貨來，仍覺其值得。可惜目前已飆至一萬兩千元，品質亦下降，誠不吃也罷。

6　此為二十年前的價格，現早就十倍於此。

外食既然嚇煞人，乾脆自己動手吧！像民國七十二年青年戰士報登載著鄭木金先生寫的一篇〈油畫家楊三郎祖傳菜名聞藝壇——佛跳牆耐人尋味〉，就有可取法之處。他大致說：「傳至福州的佛跳牆⋯⋯在台北的各大餐館，正宗的佛跳牆已經品嚐不到了。⋯⋯偶而在一般鄉間家庭的喜筵裡也會出現此道台灣名菜，大都以芋頭、魚皮、排骨、金針菇為主要配料。其實源自福州的佛跳牆，配料極其珍貴。楊太太許玉燕花了十多天閒工夫才能做成這道菜，有海蔘、豬蹄筋、紅棗、魚刺、魚皮、栗子、香菇、蹄膀筋肉等十種昂貴的配料，先熬雞汁，再將去肉的雞汁和這些配料，予以慢工出細活的好幾遍煮法，前後計時將近兩星期⋯⋯已不再是原有的各種不同味道，而合為一味。香醇甘美，齒頰留香，兩三天仍回味無窮。」

由此看來，這比起廣州「雅園海鮮酒家」選用鮑魚、海蔘、排翅、花膠、鹿筋、魚唇、雞腳、火腿等配以枸杞、桂圓和淮山等製作的「迷你佛跳牆」來，材料大致相當，卻更清淡健康，適合現代人吃。

正港佛跳牆的滋味究竟如何？費孝通在福州嚐過「聚春園」燒的以後，認為它是名不虛傳的佳肴。他在文章中寫道：「席間上菜時，服務員在我座前輕輕安放了一個形色古雅、精緻，仿造酒罈的瓷樽。出於好奇，不等主人勸酒，我已動手把小酒罈的蓋子掀開，裡面還封上一層荷葉。隨手啓封時，一陣淡淡的、略帶一點家鄉紹興酒香的不尋常的美味撲鼻而來，略舀半匙，一看是一塊一塊認不清是什麼的細片，連湯入口，鮮美別致，另有風味，不忍含糊下咽。」寫的縱不具體，卻已將其味道鮮醇、質地軟嫩、入口即化、食後餘香顯著的特點勾勒出來，充滿著想像空間。

就因為其味至美，在二十世紀八○年代美國總統雷根與英國女王伊麗

◎ 佛跳牆在釣魚台賓館揚名國際

莎白二世先後訪問大陸時，在北京「釣魚台賓館」舉辦的國宴上，都曾供應此饌，贏得品食者的驚豔和讚賞，從此它更加聲名大振，享譽全球。

美食名家梁實秋和逯耀東都在台灣吃過自覺不錯的佛跳牆。梁實秋在《雅舍談吃》裡提到：「一日，唐嗣堯先生招余夫婦飲於其巷內一餐館，云其佛跳牆值得一嚐，乃欣然往。小罐上桌，揭開罐蓋，熱氣、肉香觸鼻……頗使老饕滿意。」逯耀東則在〈那家福州菜館〉一文指出：「在台北一家福州小館子，我倒吃過一次佛跳牆，內有豬腳、雞、鴨、蹄筋，以芋頭墊底，用泡菜罈子煨製，臨吃離火，原汁原味。」另，我於十年前，曾在台北的「巨蟹」餐廳，嚐過類此的佛跳牆，覺得其味甚美，一直很難忘懷。令人扼腕的是，這三家小館子，套句梁老的話，「不久就歇業了」。

而我最常享用佛跳牆的館子，乃位於台北市錦州街的「美麗餐廳」。欲嚐其味，得事先訂。店家製作的佛跳牆，是以中寬兩端窄的陶製品盛出，內有排骨、蹄筋、翅絲、乾貝、魷魚、豬肚、鴨胗、白菜、芋頭等料，豬肚及芋頭均切成大塊，一嫩腴一鬆糯，口感相當地好。湯汁醇濃而香，一碗當然不夠，接二連三的人，至少半桌以上。其價合理，尤其可喜。過年時節，亦可外賣。買者如堵，如不早訂，鐵定向隅，抱憾不已。

香港人講究口釆，另稱佛跳牆爲「一團和氣」。吃年夜飯時，來個裝罐佛跳牆，有湯有菜，熱透上桌，闔家人圍而食之，不正是過個團圓年嗎？難怪一到春節之前，罐裝佛跳牆即炙手可熱，火紅得強強滾嘍！

　　諸君或許好奇，原先的佛跳牆倒底是啥模樣？說穿了，就是當下可在一些韓式山東館子吃到的乾烹肉。《事林廣記》一書所列的佛跳牆製法爲：「取豬、羊瘦肉，沸水焯後切成骰子塊，先用豬、羊油煎微熟，再入酒、醋、鹽、花椒等調味料煮熟焙乾而成。」顯然它是道既乾且香（亦有微帶湯汁者）的下酒好菜。諸君可將其用油換成植物油，再依式製作。如此，一乾一濕齊備，這頓年飯豈不更有味兒了。

李鴻章雜碎胡搞

　　在中國近代史上，李鴻章確為「第一緊要人物」，故梁啓超指出：「讀中國近世史者，不得不曰李鴻章，而讀李鴻章傳者，亦不得不手中國近世史，此有識者所同認也。」殊不知與李鴻章息息相關的這道雜碎菜，亦在美國食界有一定之地位，其影響所及，絕不少於李氏縱橫外交的那「四十年」。有趣的是，梁氏亦嘆李鴻章「不識國民之原理，不通世界之大勢，不知政治之本源，當此十九世紀競爭進化之世，而惟彌縫補苴，偷一時之安。……僅摭拾泰西皮毛，汲流忘源，遂乃自足。更挾小智小術，欲與地球大政治家相角，讓其大者，而爭其小者，非不盡瘁，庸有濟乎？」最後給他個「不學無術」的考語，若執此標準以視雜碎，正可謂殊途同歸。

　　李鴻章，字少荃，安徽合肥人。曾從曾國藩遊，講求經世之學，曾氏稱其為「氣象崢嶸，志意沉著，善才也」。只是鴻章初在鄉，隨他父親辦團練，頗有擾民之事，鄉人為之揭帖（大字報）云：「翰林變綠林。」譏誚中過進士、改庶吉士、官授編修的鴻章，行徑一如強盜。後往依安徽巡撫福濟，落落不得志，反學得欺詐之術。直到二次回曾國藩營，在國藩特加青睞，於「政治、軍務悉心訓詁，曲盡其薰陶之能事」後，這位「皖北人才」，總算開了竅，整個人脫胎換骨。

◎ 李鴻章

▌因馬關而風光不再

　　國藩進而薦鴻章可大用，受命召募淮軍，後任江蘇巡撫。而他所編練的淮軍，方開抵上海時，洋人恥笑不置，謂之叫花子兵。李一笑置之，表示：「軍貴能戰，非徒飾觀美，迨吾一試，笑未晚也。」及戰，洋兵數敗，華爾率洋槍隊棄青浦，走松江。李部則乘勝攻泗涇，解松江圍。這是鴻章與洋人打交道之始，他日後之所以看不起「洋鬼子」，即以此為濫觴，凡交涉時，「尤輕侮之」。

　　直到甲午戰爭前，李鴻章「少年科第，壯年戎馬，中年封疆，晚年洋務，一路扶搖直上」，不僅賜紫禁城騎馬，賞戴三眼花翎，均乃師國藩所未曾有，而且光緒十九年時，他年已七十，由兩宮賜壽，更是無上榮典。

然而，好景不常。甲午中日一戰，清軍一敗塗地，李鴻章個人的命運也跟著急轉直下。

光緒二十一年簽訂馬關條約後，鴻章由日本回國，舉國上下，視其為賣國賊，背上漢奸罪名，翰林院亦聯名彈劾。李因而被拔掉任職二十五年之久的直隸總督兼北洋大臣，改成「入閣辦事」，實則是打入冷宮，當個閒差，寓居北京賢良寺，嘗盡人間冷暖。即使是市井販夫，也以嘲弄李為能事，真個是情何以堪。

當時最有名的，乃名丑楊鳴玉（又名楊趨三）。早在平壤戰敗時，詔奪李三眼花翎及黃馬掛，趨三在演〈丑表功〉一劇時，臨場插諢云：「我有汗馬功勞，奈何奪我三眼翎，褫我黃馬掛。」觀眾反應強烈。楊食髓知味，更在演〈紅鸞喜〉這齣戲的乞丐頭兒，要移交替人時，擲去帽上所插的草把，口中說著：「拔去三眼花翎。」又脫掉乞丐衣，大叫：「剝去黃馬掛。」正巧李鴻章的姪兒坐著看戲，一怒之下，送去官府問罪，挨了幾十板子。楊受此一驚嚇，沒多久便死了。於是好事者撰聯稱：「楊三已死無昆丑；李二（鴻章在家排行第二）先生是漢奸。」傳誦一時。

鴻章背負此一罵名，依舊忍辱負重，絕不無故告退，曾對左右說：「我老師（指國藩）的《挺經》，正用得著，我是要傳他的衣缽的。我決計與他挺著……」

幸好危機即是轉機，當俄國出面干涉還遼時，已和李私下講好條件，孰料李回國失勢，俄人的希望落空，未分得一杯羹。於是在俄國駐華大使的運作下，以俄皇尼古拉二世加冕為由，賄賂權閹李蓮英，改派鴻章為赴俄祝賀的欽差大臣，並全權辦理酬俄事宜。

▌意氣風發世界遊

　　光緒二十二年初，李鴻章風光出使俄國，並到英、法、德、比、美各國親遞滿、漢文的國書。當一月下旬李離京時，眾人在東大門替他餞別，「是日適有大風，揚沙撼木，車行極爲困頓，……即於棚中設席，合尊促坐，棚搖搖震撼作聲，如欲拔地飛去，飛塵眯目，席間盤盂盃盅，悉被掩蓋，幾無物可以下箸」，鴻章則「高談健食，意興豪舉」，並高談闊論道：「我每次出門遠行，不是狂風，就是暴雨，走個海路，也總是遇上驚濤駭浪。」眾人乃附和說：「大人豐功偉業，所以連雨師、風伯這些神靈，都會前來餞行。」其意氣之風發，還眞不可一世。

　　等到鴻章結束歐洲行程，即於七月二十一日，搭乘英國「淑女沙龍號」豪華洋輪抵達紐約。這對美國而言，可是大事一椿，早在兩星期前，政府就公布接待的時間表，並動員大批軍、警維護其安全，就連當時正在度假的克里夫蘭總統，亦兼程趕回紐約。二十一日當天，更有許多人在接近海港、碼頭的街頭露宿通宵，只爲一睹這位中國名人的丰釆。美國世界新聞社的一位女記者，即著墨當時情形如下：「在這個大喜的日子，天才剛亮，紐約市民就傾巢而出，湧向曼哈頓區的港口碼頭。大街上早已擠成幾道人牆，水洩不通，海港碼頭附近、高樓頂上，也都是萬頭鑽動；窗口、樹上、路燈柱上、港內所有的船頂上，擠滿了人，眞是人山人海！這是美國有史以來，民間自動熱烈歡迎外國嘉賓，最虔誠且破天荒的大場面，這情境使我激動得流了不少熱情愉快的眼淚。」

　　到了中午十二點，這位中國神祕人物、美國的特別貴賓，終於姍姍到來。他站在船板上，面露笑容，環視左右，顯得和藹可親。待中國駐美領

◎ 李鴻章在英國

事及訓練有素的華僑商民，整齊劃一的對他行了一個九十度的鞠躬禮時，美國人可樂壞了，笑成一團。接下來，開始李鴻章的「個人秀」，噱頭十足。

但見李鴻章一行人，有隨員十八位，僕人二十二人，後面跟著三百件行李。另有金轎一頂，珍貴奇鳥八籠，其中包括兩隻活潑可愛、會說英語的奇種鸚鵡，還有雲南特產的長尾金雞。而在行李中，除了衣物、日用品外，尚有酒、菜，和大量天山瓦罐泥封口的雪水，專供李氏燒茶飲用。其餘則是宮廷特製的桂花皮蛋等，千奇百怪，應有盡有，無法列舉。而這樣的排場及道具，滿足人們好奇的心理，讓老美們瞧得目瞪口呆。

行遇外交場合的禮儀後，李便乘金轎，頭蓋黃龍傘，自曼哈頓港入住華爾道夫旅舍的「總統套房」。隨後，參加克里夫蘭總統、國會議員、政壇重量級人士、紐約州州長和名流名媛舉行的國宴。接下來的幾天，都是拜會活動，包括謁見總統，拜訪西點軍校，會晤宗教領袖，並招待新聞記

者。當結束所有拜會活動後，鴻章在華爾道夫旅舍設宴，回請美國各界人士。此宴會場面之浩大，令美國人大開眼界，至今猶嘖嘖稱奇，津津樂道。

此宴完全依照大清國宴之程序，每席不少於一千美金。菜單的順序，則依中國傳統的「天干地支」排列，菜名尤絕，例如：福如東海魚（紅燒魚）、壽比南山掌（燒鵝掌）、嫦娥餅（甜點）、貂蟬如意湯、貴妃雞等均是。其影響所及，至今世界各國的中菜館，有的仍沿襲其名。

李氏此次訪美，對當時的中國的政治、外交並未造成太大波瀾，卻在紐約大為轟動，也使美國政府對華僑的態度有所改善。當七月二十九日他啟程前往加拿大時，紐約歡送的人群，竟從第五街排到二十三街出口處，盛況空前。翌日紐約時報即報導：「在一般美國人心目中，皆一致尊崇李鴻章的形象，就是活生生的孔夫子。」將李鴻章比擬成孔子，實在不倫不類。但可確定的是，李鴻章所譜出的這頁傳奇，確實在美國歷久不衰，此也和雜碎菜一樣，行諸久遠。

▌雜碎，即是雜燴

然而，雜碎到底又是什麼「名菜」呢？

所謂雜碎，即是雜燴的安徽方言。具體言之，燴指的是兩種以上的食材共烹，早在六千年前的陝西半坡先民，即懂得這種燒法。此法自發展迄今，其取材非但水陸俱陳、有葷有素，而且高檔貨和凡品相混，以質地軟、嫩、脆、滑，且色、香、味俱美著稱。常在筵席出現，深受食客喜愛。至於將魚與肉煮成的雜燴，古名「鯖」，其中最有名的一道菜，首推

西漢樓護所創製的「五侯鯖」，此菜出於突發奇想，是以已故的「川菜大師」熊四智，便把它歸納爲「偶成的異饌」，在食材上占有一席之地。

樓護是個奇人，世代爲醫，口才極佳，曾出任京兆吏（似今首都台北市政府的官員）。當時政壇最炙手可熱的人物，分別爲漢成帝的母舅王譚、王根、王立、王商和王逢等五人，他們因同日封侯，世稱「五侯」。五侯雖是「同根生」，但彼此「相煎」不已，「賓客不得往來」。樓護手段很高，居然可以串門其間，且令五侯「競致奇膳」。據《西京雜記》及《語林》的說法，樓護吃膩這些山珍海味後，一日，閒著也是閒著，「乃合以爲鯖，世稱『五侯鯖』，以爲奇味焉」。

不過，「五侯鯖」雖在雜燴菜中大享盛名，但被近人艷稱的「李鴻章雜燴」（又名「李公雜碎」），不僅後來居上，甚至取而代之，確爲食林異數，值得記上一筆。

相傳「李鴻章雜燴」乃李鴻章訪美時，隨行的廚師爲圖方便，便將剩餘的食材胡亂燴成，供外賓食用的一道急就章菜式。竟然受到讚賞，從此大受歡迎，流行美國各地。

另一說出自《清稗類鈔》，稱李氏「奉使歐美。其在美時，以久厭羶腥，令華人所設餐館進饌數次。西人問其名，難以具對，統名之曰『雜碎』」。

還有一說則是民國初年《廣州民國日報》的說法：「蓋雜碎二字，出在李鴻章宴美公使之古典。當時肴饌中有燕窩一味，爲最珍貴。因雜以雞絲、火腿片等物，故名之爲『雜碎』。」

照以上三說來看，雜碎確因李鴻章之故而聲名大噪，而現在的安徽菜中，也有「李鴻章雜燴」或「李公雜碎」這道菜。妙的是，一度盛行北美

◎ 李鴻章雜燴

華埠中菜館的雜碎[1]，反而未被列入廣東菜譜內，細究其原因，方知這種半調子的雜碎，製作甚易，價格極廉，名同實異，混個一飽尚可，若眞叫來請人吃，還眞上不了檯面哩！

然而，雜碎之所以能成爲美國中菜館的招牌菜，應與所謂的「中國熱」有關。這股熱潮起自九一八事變，到了七七事變時，在美華僑踴躍捐輸救祖國，更助長其聲勢；接著「民族英雄」蔡延鍇、張發奎兩將軍先後訪美，萬人空巷，觀者如堵，大開流水席。經此一加溫下，持續擴大影響。一九四一年時，日軍偷襲珍珠港，美國捲入第二次世界大戰，「中國熱」遂迸出燦爛火花，一向高傲的美國佬，自動放下身段，樂得與炎黃子孫爲友，亟欲認識中國之歷史文物。中餐館一下子爆紅，炙手可熱到極點。爲了迎合老外口味，原本不登大之堂的雜碎，終於鹹魚翻身，成爲熱門菜肴。曾撰寫〈李鴻章雜燴〉一文的張伯駒即云：「雜碎馳名海外。凡在歐、美中國餐館，莫不有此一菜。」寥寥數筆，頗能道出雜碎在西方世

---

[1] 清末民初時，僅「美之紐約一埠，已有雜碎館三、四百家。此外，東方各埠如費爾特費、波士頓、華盛頓、芝加哥、必珠卜等，亦無不有之，全美華僑衣食於是者，凡三千餘人，所費可銀數百萬」見《清稗類鈔》。

界的盛況。

尤有甚者，當時多數美國人一直認為：「中國菜即是『雜碎』，『雜碎』就是中國菜。」等到中國菜供過於求時，新開張的中餐館為廣招徠，乾脆在其招牌上，直書「雜碎」二字，門外還用霓虹燈顯閃著Chop Suey（音譯為雜碎）二字作廣告。而今，美語的詞彙裡，已收有Chop Suey一詞，足見其影響力超大，非同凡響。

又，二十世紀四〇年代已在美國大紅大紫的雜碎，迄六〇年代才逐漸走下坡。可是直到八〇年代初，它與叉燒、咕咾肉等，仍是大部分中菜館的主力。「九七大限」前，香港一些大廚及餐館經營者，紛紛走避美、加，另起爐灶，加上台灣及大陸的師傅們也湊上一腳，如此一來，豐盛而味美的中式佳肴，終讓美國人眼界大開，見識到了高檔的中國菜，雜碎從此不再吃香，現已日趨消沉。

有段時間，雜碎在用料上，呈現規格化，其搭配的食材，分別是花肚（牛百頁）、叉燒、熟豬肚、熟蝦仁、雞下水、香腸和青菜這七種。當客人點叫時，只消把下水「拋油」後取起，再把青菜炒至將熟，然後倒入另六種略炒，再稍勾芡即成。即炒即吃，非常方便，點食者眾。

說正格的，雜碎本是雜燴的安徽方言，籍隸安徽的李鴻章，只是吃自個兒的家鄉菜，竟被好事者「吹皺一池春水」，搞得沸沸揚揚，他若是地下有知，不笑破肚皮才怪。

在正統的安徽菜譜內，「李鴻章雜燴」的用料十分考究，絕非含糊打混。其製法為：取發好的海參、魚肚、魷魚、熟火腿、玉蘭片、腐竹等均切成片，鴿蛋十二枚煮熟去殼。雞肉、豬肚與十粒干貝加蔥結、薑片、料酒上籠蒸透入味後，雞肉與豬肚亦分別切片，干貝則搓碎撕後，並用剁成

魚肉茸泥滾沾干貝絲成球狀，再上籠蒸熟。接著將切片的各料和熟鴿蛋、干貝絲球，水發香菇一起下鍋，用雞高湯及調料燒燴入味。以上描述的，乃前置作業。

接下來拿一只大碗，從燒燴的各料中，先把香菇撿出，平放在碗底，菇的邊緣圍上鴿蛋，其他各類按色澤調開，整齊排列碗中，各種碎料放在最上邊，澆上燒沸的原湯，上籠蒸五分鐘取出，原湯汁再傾入鍋中。然後蒸碗中的物料，倒扣在大湯盤內，並在上面勻撒熟的火腿絲和雞肉絲，原湯鍋置灶上沸，勾薄芡淋上明油（熟豬油），澆淋在大湯盤的雜燴上面。末了，在菜正中央的高點上，擺一枚鹹鴨蛋黃，另用一根帶菠菜葉的梗，斜插在蛋黃之下，做成滿清的官帽形狀即成。

此菜的特點在多味複合，鮮醇味厚，香而不膩，鹹鮮可口。其做工之繁複與形式之優美，遠非後來的雜碎所能望其項背，且其在滋味上，相距尤不可道里計。

梁啟超雖對李鴻章有所批評，但也流露出對他時不我予之感慨，稱：「敬李之才，惜李之識，而悲李之遇也。」至於雜碎的際遇、發展和興衰等，亦如李氏，千變萬化，幻化無窮。它即使今非昔比，確也曾大領風騷。或許是菜如其人，叱吒風雲四十年，如此諸般的巧合，更增加其話題性，可以歷久而彌新，予後人不盡相思。

魏徵最愛食醋芹

　　我初識魏徵之名，應是幼年臨歐陽詢《九成宮醴泉銘》碑時，由於此文是他奉敕撰就的，且列名於碑首，每遍都會臨到，故印象很深刻。但當我知道他最愛「醋芹」的滋味時，則是三十年以後的事了。

　　據柳宗元《龍城錄》一書上的記載——「魏徵有日退朝，太宗笑謂侍臣曰：『此羊鼻公，不知遺（指贈）何物而能動其情？』侍臣曰：『魏徵好嗜醋芹，每食之欣然稱快，可見其真態。』明旦，召賜食，食醋芹三杯，公見之欣喜翼然。食未竟而芹已盡。太宗笑曰：『卿謂無所好，今朕見之矣。』公拜謝曰：『君無為，故無所好。臣執計從事，獨癖此收斂物。』太宗默感之」。我不知這件事發生在貞觀年間的哪一年？但從這百餘字的敘述中，卻可看出魏徵的出身、性情、嗜好、進諫手法及君臣之間的關係，實在很有意思。

好讀書的孤貧出身

　　魏徵，字玄成，鉅鹿下曲阿（今河北晉縣）人，後遷居相州內黃縣（今河南省）。其父魏長賢曾擔任過隋朝的地方官。但魏徵出生後不久，父

親亡故，家道中落。因此，他自幼即孤貧落拓。雖具遠大志向，卻不事生業，曾出家爲道士；好讀書，尤屬意縱橫之學。由其出身背景來看，因當過道士，故太宗戲稱他爲「羊鼻公」；又因生長於田家，所以，太宗怒極時，會叫他爲「田舍漢」。

依《隋唐嘉話》的說法，有一回，太宗罷朝，大怒道：「會殺此田舍漢。」文德皇后便問；「誰觸忤陛下？」太宗答：「魏徵每廷爭辱我，使我常不自得。」皇后隨即退下，盛服立於庭內。太宗大驚，說：「皇后爲何如此？」皇后回答說：「妾聞主聖臣忠，今陛下聖明，故魏徵得直言。妾幸而能備位後宮，爲何不來祝賀？」太宗怒氣頓消。魏徵恐怕沒想到，皇后還曾是他的「貴人」呢！

不過，太宗之所以會對侍臣說：「此羊鼻公，不知遺何物而能動其情？」我懷疑是因以下這檔子事而起。原來太宗得一鷂[1]，非常俊異，喜不自勝，放臂膊上。遙見魏徵過來，立刻藏於懷中。魏徵明知故犯（指進諫的老毛病又犯了），便上前報告事情，語及古帝王逸豫事，微寓諷諫之意。講了老半天，太宗惜鷂將死，但又敬憚魏徵，只好讓他暢所欲言。偏偏魏徵講個沒完沒了。這一珍禽遂死於太宗懷中。太宗爲讓魏徵出出洋相，只好出此「下」策，亦未可知。

這位侍臣（不知是否爲宦官？）蒐集情報的功力確是一等一的，連大臣的口味都調查得一清二楚。據《貞觀政要》的記載，貞觀二年時，太宗曾問魏徵說：「何謂爲明君、暗君？」魏徵答道：「君之所以明者，兼聽也；其所以暗者，偏信也。……是故人君兼聽納下，則貴臣不得壅

---

[1] 猛禽名，似鷹而稍小。

蔽，而下情必得上通也。」又，貞觀十一年時，屢有閹宦充外使，發生妄奏之事。太宗十分生氣，魏徵便進言稱：「閹豎雖微（指地位不高或出身卑微），狎近左右，時有言語，輕而易信，……為患特深。今日之明，必無此慮，為子孫教，不可不杜其源。」太宗接著說：「非卿，朕安得聞此語，自今以後，充使宜停。」

將此上二事對照著看，魏徵老早就注意到「偏聽生姦，獨任成亂」，而這些身旁侍臣與狎近左右之閹豎輩，年輕靈光者多，老成謀國者少，再加上地位之便，「意見」容易上達，上下其手不難，諸葛亮所謂「遠小人」者，即指此輩而言。因此，這種「童子軍治國」之型式，絕對是魏徵所不取的。就算其「情報」真的管用，亦必須有所界定和區隔，才能發揮因人、因時、因地制宜的效果。故只有在「天聽」全面的情形下，人主才不虞會被人牽著鼻子走哩！

又，《貞觀政要》載：「徵雅有經國之才，性又抗直，無所屈撓」，甚至連皇帝的家務事也管得，其最顯著的例子，就是：貞觀六年（公元六三二年）時，長樂公主將出嫁，太宗因她是皇后親生，敕令有司備辦的嫁妝，竟超過太宗之妹永嘉公主，這是不合禮法的舉措，很多大臣明知不對，但因「疏不間親」，個個噤若寒蟬。魏徵明確表示不可。並引漢明帝欲封其子為王的故事，說明皇帝之子不可與先皇之子相等之義，故只封其子一半，「前史以為美談」。況且「天子姊妹為長公主，子為公主，既加『長』字，即是有所尊崇」。

所以，即便「或可情有深淺，無容禮相逾越」。太宗聽罷，頗以為然，入告長孫皇后。皇后果然明理，竟「遣使賚（賞賜）錢四十萬，絹四百匹」，親送至魏徵府上。

倒底醋芹是什麼好東西，竟能讓魏徵連盡三杯而意猶未盡？

首先從芹菜談起。

▎風味別具的青蔬好物

關於芹菜的影射，中國名醫確有卓見，可惜荒謬絕倫，令人難以置信。漢代名醫張仲景曾說：「春、秋二時，龍（本身就是神話）帶精入芹菜中，人誤食之爲病，面青、手青、腹滿如狂，痛不可忍，作蛟龍病，俱服硬餳（指麥芽、穀芽等熬成的糖）二、三升度，吐出蜥蜴便瘥（病癒）。」明代本草大家李時珍更進一步指出：「芹（菜）生水涯，蛟龍雖云變化莫測，其精那得入此？大抵是蜥蜴、虺[2]、蛇之類，春夏之交遺精於此故爾。且蛇喜食芹，尤爲可證。」繪聲繪影，愈描愈黑，置而弗論可也。

事實上，芹菜乃葉莖類蔬菜烹飪食材，屬傘形花科、芹屬，爲二年生草本植物。本名靳，又稱水英、勤菜、萍蘋等。以其肥嫩的葉柄及葉供人食用。其原產地應在地中海一帶之沼澤地，約二千年前，由古希臘人馴化成功，並逐漸遍及全世界。

當下中國之芹菜，係由高加索地區引入，且自行培育出中國特有的細長葉柄型芹菜，現南北各地均有栽培，四季皆能生產，夏、秋時節，大量上市，爲中國重要的菜蔬之一。

芹菜品種甚多，按其葉柄形態，通常分中國芹菜與西芹兩種。中國芹

---

[2] 毒蛇名，體長二尺，土色，有劇毒。

又稱本芹，其葉柄細長，高約一百公分，如依葉柄顏色，又可分為白芹、青芹兩大類型。白芹之葉較細小，呈淡綠色，葉柄細長，植株較矮小柔弱，香氣濃，品質好，易軟化。貴陽、昆明、廣州等地所產者，尤佳。

青芹之葉較大，深綠色，葉柄粗，呈綠色，植株高而強健，香氣亦濃，經軟化處理後，品質更棒。其葉柄有空心和實心兩種。前者春季易抽薹，品質較差，抗熱性強，主要品種有福山芹菜、小花葉和旱青芹等。後者則春季不易抽薹，品質較佳，亦耐貯藏，主要品種有北京實心芹菜、山東恆台芹菜和開封的玻璃脆等。

西芹又稱洋芹、大棵芹。葉柄寬而肥厚，棵高實心，肉質脆嫩，氣味最淡。有青柄和黃柄兩個類型。主要品種有矮白、矮金與倫敦紅等。

另，有一種水芹，古稱「楚葵」，俗叫「路路通」，「生江湖陂澤之涯」，分布較少，僅江蘇、浙江等地有供應，以其嫩莖供人食用。

芹菜如按其收獲季節之不同，尚可分為春芹菜、夏芹菜（伏芹）、秋芹菜和越冬芹菜。此外，芹菜經軟化栽培後，通體嫩黃號稱「芹黃」，為筵席上之佳品。於烹製後，色澤鵝黃，香鮮肥嫩，特別清脆。川菜中經常見到，名品有「芹黃魚絲」、「芹黃鱔絲」、「芹黃拌雞絲」、「麻辣芹黃乾絲」等。

芹菜是一種風味別具的香辛蔬菜，不是人人都懂得欣賞的，有人不喜其味，簡直難以入口。一般而言，它較像平民的家常菜，富貴人家則少用。《列子》這本書中，有一則故事甚有趣。有位農夫，特愛芹菜，認為它是頂級美味，到處宣揚。村中豪紳信以為真，嚐了一次芹菜，卻「蜇於口，慘於腹」，根本無法下嚥，大罵農夫無知。這情形很像魏徵擔任太子洗馬，替「隱太子」李建成策畫時，「每勸建成早為之謀」。等到玄武門之

◎ 芹，素物也，愈肥愈妙

變時，太宗「誅隱太子，召徵，責之曰：『汝離間我兄弟何也？』眾皆爲之危懼」。還好太宗豁達大度，不像豪紳那般，讓魏徵有答辯機會。於是「徵慷慨自若，從容對曰：『皇太子若從臣言，必無今日之禍。』太宗爲之斂容，厚加禮異，擢拜諫議大夫」[3]。

袁枚在《隨園食單》中提到：「芹，素物也，愈肥愈妙。」但他未表明此乃葉柄或葉，因二者皆可食。其葉柄入饌，烹法多用炒、拌，或作爲一些葷菜的配料，也可用來製做餡心，或醃、醬、泡、漬作成小菜。不過，袁枚喜歡它的葉柄與素菜搭配，反對當葷菜的配料。故云：「取白根炒之，加筍，以熟爲度。今人有以炒肉者，清濁不倫。」

可是民間的食法，頗異於是，至今仍常吃芹菜炒肉絲、炒花枝、炒旗魚肚等，顯然不可一概而論。另，民初知名學者羅振玉赴徐州時，曾在祠堂巷一菜館就餐，點了以芹菜作主料的四個菜，分別是「金鉤（黃豆芽）掛翠芽」、「火腿炒春芹」、「五味芹芽」及「裹炸藥芹」。食罷不覺大樂，即席吟詩一首，詩云：「藥芹有五味，金鉤拌翠芽，烹調出彭城，無珍竟甘醇。」

---

[3] 引用自《貞觀政要》。

芹菜葉亦是好物。俗云：「芹菜葉子蕹菜（空心菜）梗。」表明這兩物都不可輕棄。像山東臨淄一帶的人就很看重芹葉，拌醬汁吃，清爽可口；將之焯過後，加些豆麵糊，製成「菜豆腐」，滋味相當棒；若加鹽醃過，拌麵粉蒸食，尤鮮嫩適口。此外，西北有些地方多用它製成漿水，於夏天搭配麵條食用，可收清熱解暑之功。

接著，我們來探討魏徵嗜食的這道醋芹吧！

古為今用仿唐菜

按《龍城錄》上的講法，魏徵「食醋芹三杯」，它應是流質，當無疑義。由於醋能起增加酸味、香味、鮮味及和味解膩、去腥除異味的作用，且可保持蔬菜的脆嫩度。因此，醋芹應味酸帶脆，方副菜名之實。今之「仿唐菜」中，亦有醋芹一味。

興起於二十世紀七〇年代末期的「仿唐菜」，乃「西安市烹飪研究所」為適應旅遊事業的發展，在挖掘整理並發揚中國傳統烹飪文化技藝的基礎上，所進行研製的。經多年努力後，於公元一九八六年由中國著名唐史學者和烹飪專家審查鑑定通過，正式投入市場經營，並在北京市和日本京都市設有「仿唐菜館」，以資號召，藉廣招徠。

仿唐菜所仿製的對象，以唐代為主，兼及隋、五代時期的菜肴。先根據史籍記述和出土文物，再結合當代人們飲食習尚後，採用唐代及現代均有的食材和烹調方法研製而成。具有烹調方法古老而考究，食物原味突出及古色古香等特色。因有觀光賣點，頗受遊客歡迎。

由於「仿唐菜」並非恢復唐代菜肴，而是要古為今用，推陳出新。故這道醋芹，已各自表述，絕非其原貌。

仿唐菜中，醋芹之製作方法為：嫩芹菜五百克洗淨，瀝乾水分，放入罈內，澆入熱麵湯蓋緊，讓它醱酵三天，再撈出切成四公分長的段，分成若干等分。接著熟雞肉、香菇、冬筍全切成四公分長的絲，捲入芹菜段內，細芹葉捆紮成柴把狀，整齊擺在蒸碗內，澆入經調味、燒沸的醱酵芹菜原汁，上籠略蒸，取出倒入湯碗中即成。

此菜湯味濃郁，酸辣適口，亦有吃頭。至於魏徵是否真的愛食？那只有天知道了。

魏徵出身困苦，一生都很儉樸。貞觀十七年時，「疾甚。徵家初無正寢，帝命輟小殿材，為營構。五日畢，並賜素褥布被，以從其尚。……帝親問疾，屏左右，語終日，乃還」[4]。當他去世後，「太宗親臨慟哭、廢朝五日，……給羽葆鼓吹、班劍四十人，賵絹布千段、米粟千石，陪葬昭陵。及將祖載，徵妻裴氏曰：『徵平生儉素，今以一品禮葬，羽儀甚盛，非亡者之志。』悉辭不受。竟以布車載柩，無文彩之飾。

「太宗登苑西樓，望喪而哭，詔百官送出郊外。帝親製碑文……」[5]。從其臨終及死後的情況，可看出君臣之相得相知相惜，亦可知其妻深明大義，明白先生之夙志，進而全其志節，尤屬難能可貴。

「狀貌不逾中人」的魏徵，「有志膽，每犯顏進諫，雖逢帝甚怒，神色不徙」[6]，故太宗於他死後，曾對侍臣說：「夫以銅為鏡，可以正衣冠；以古

4　見《新唐書》。

5　見《舊唐書》。

6　見《新唐書》。

◎《貞觀政要》一書所載唐太宗與
魏徵討論明君與暗君的內容

爲鏡，可以知興替；以人爲鏡，可以明得失。朕常保此三鏡，以防己過，今魏徵殂逝，遂亡一鏡矣。」也正因如此，「喜逢知己之主，竭其力用」的魏徵，對唐太宗而言，不啻苦口之良藥，能滌淨其心靈，「成我今日功業」。

　　然而，魏徵愛食的醋芹，對人體亦有莫大好處。中醫認爲醋有散瘀、止血、解毒、殺蟲之功，能治大便下血、陰部搔癢、癰疽瘡腫，可解魚肉毒與菜毒，並有開胃健脾、清心益神、降低血壓、治療風濕及防治流感等作用。而芹菜則有平肝清熱、袪風利尿、醒神健腦等功效，且常食芹菜，對高血壓、暈頭痛等症，亦有良好的食療作用。此外，在義大利，其營養學家新近發現它能減肥，實肥哥胖姊之福音。

　　總而言之，魏徵高尙的人格與特殊的嗜好，皆對當時及後世產生甚大的影響，應屬的論。當他犯顏切諫，不許唐太宗爲非，因而間接造就中國歷史上著名的「貞觀之治」，可謂功施於當代；而他個人愛吃的醋芹，乃

145

降火清熱、減肥瘦身的食療聖品，影響所及，更是澤及於後人。所以，我們可以大膽地假設，魏徵所諫前後二百餘事，能皆稱太宗意，是因為頭腦清楚的關係；換句話說，他所常吃的「醋芹」，應是他得以保持腦袋清醒的緣故，相信是不會太離譜的。

叛將嗜食瓤矮瓜

廣東省循州（今龍川縣）的南嶺[1]，是宋丞相文天祥最後的駐屯地。公元一二七八年，他在海豐北面的「五坡嶺」（屬於南嶺）被俘，至死不屈，元帝嘆為「真男子」。然而，此地過了六百年（一八七八年）後，卻誕生了一位中國現代史上的梟雄陳炯明，他一向以東江（客家人所在地）地區為根據地，在南方興風作浪，所作所為，遭人唾棄，號稱「造反出身」。若套句堪輿家之術語，海豐莫非地中「正」氣已盡，才會「邪」氣凝聚，出現這位「混世魔王」。

▌混世魔王陳炯明

陳氏世居海豐城，陳炯明的曾祖、祖父皆為寒儒。其父陳暄在惠州中鄉試時，捷報傳至家中，正逢炯明出生，因而取名為「捷」。直到他二十歲應縣試，才更名為炯明。

---

[1] 此嶺亦是海豐北面的南嶺，位於兩地之間。

◎ 陳炯明出身寒儒世家，
　學業亦優異。

炯明初露圭角，當爲一九〇七年領銜控告惠州知府陳召棠擾民案。結果，陳知府被褫職，炯明遂覺事有可爲。翌年二月，密與同時入學的馬育航及三十餘人宣誓締盟，展開民族革命運動。同時，他又倡辦海豐地方自治會、戒煙局；整理育嬰堂及縣倉等相關社福事業。該年七月，更以最優等畢業於法政學堂，堪稱春風得意。

禁賭案則是陳炯明另一重大事功。一九〇九年九月，被選爲廣東諮議局議員的他，因亟求表現，遂與副議長丘逢甲聯名提議，堅持禁絕一切賭博。第二年秋，諮議局再度集會。陳炯明重提此案，一賭商企圖收買，致贈五萬元銀票，只要求他不作爲，但遭陳炯明拒絕。不過，獨木難支大廈，其他受賄議員，決議通過「緩禁」。丘逢甲和陳炯明等力圖反撲，乃聯絡各界通電北京、上海、港、澳各地同鄉，群起攻擊這些主張緩禁的議員。在龐大壓力下，這三十五位議員最後被迫辭職，禁賭主張遂獲實踐。陳炯明亦因此以「仗義執言」、「建議獨多」，博得一些社會聲譽。在這段期間內，他正式加入同盟會，並在香港設立「樂群書報社」，作爲革命黨聯絡機關。

陳氏第一次不光采事件，發生在一九一一年的廣州起義時，當時他擔任統籌部[2]編制課課長兼調度課副課長，並負責率領一路敢死隊進攻巡警教練所。籌備過程中，他藉口改日期，妄圖取消起義。三月二十九日當天，黃興率眾猛攻，傷亡慘重之際，他竟棄眾不顧，倉皇逃跑出城。事後檢討失敗原因，他及姚雨平、胡毅生三人被列入「黑名單」，指渠等虛妄誤事，並認為罪皆當死。

武昌起義，各省響應。陳炯明於旬日內，組成一支眾至數千人的「循軍」，與另一支「惠軍」直撲惠州，聲勢浩大。在攻下歸善城後，清提督秦秉直以惠州城降。炯明即成立總司令部，統率東江各支起義民軍。廣東宣告獨立後，都督胡漢民引為佐貳。旋胡隨孫中山赴南京任職，廣東臨時省議會乃公推炯明擔任代理都督。

炯明在掌握軍事、民政後，即宣布嚴格禁賭、禁鴉片煙，另遴選青年學生分赴日本、美國留學，算是有些惠政。他與黑道、賭博似乎有仇，日後擔任廣東總綏靖處經略時，即專辦幫會、賭博爭鬥事務，是否具有成效？現已無跡可尋。

宋教仁遇刺後，孫即策畫反袁。袁世凱因廣東鞭長莫及，於是運用權術，挑撥陳、胡（指胡漢民）關係，進行分化瓦解。先宣布撤銷胡漢民都督一職，再任命陳炯明繼任都督。孫中山及黃興都主張陳趁就職之時，率先起兵討袁。但陳就任都督後，卻致電孫中山說：「廣東兵力薄弱，不能首先發難。」實則猶豫觀望，採取拖延之計。

---

2 設在香港，由黃興主持，為起義領導機關，其下分課辦事。

李烈鈞拔得頭籌，首先在江西湖口宣布獨立討袁，黃興跟著在南京舉兵。這時，陳炯明仍坐壁上觀，致電袁世凱，希望調停「北贛兩軍衝突」，要袁「使贛曉然於中央用意所在，不至鋌而走險，貽患大局」。直到岑春宣南來聯絡，他才不得不宣告獨立，加入討袁行列。誰知好景不常，才隔沒多久，他手下第二師師長蘇慎初宣布取消廣東獨立，炮轟都督府，自立為廣東都督。他則攜帶巨款，乘法艦逃往香港，再轉赴新加坡。這應是他第一回嚐到被人背叛的滋味。

民國六年，陳炯明出任援閩粵軍總司令。翌年，又兼任惠潮梅軍務督辦，雖已誓師出征，始終徘徊不前。只因他的目光，早已放眼東江，準備著手經營，鞏固自己地盤。逗留近五個月，他才開始攻閩，二個月後，進駐漳州。

炯明自據漳州後，已非池中之物，正想大展身手。民國八年春，特創刊《閩星報》，並親撰發刊詞，提倡社會主義，搞新文化運動。該報對於蘇俄的「十月革命」，更是率先大加吹捧，還曾用「紅年大熟」的標題頌揚謳歌。

陳的這些言行，不僅國人側目，蘇俄對他亦另眼相看，寄予厚望。民國九年四月，先派代表至漳州探視炯明，表示願意資助他完成「大事業」，同時，列寧也與他有書信往還。自命「列寧第二」的他，遂於第二年回師廣東，逐走桂系軍閥。孫中山便在上海任命他為廣東省長兼粵軍總司令，正式集軍政、民政、財政大權於一身。

炯明就職後，對社會主義運動嚮往尤殷，尤其是「廣東教育墮落達於極點」乙節，盼陳獨秀主持甚殷，這由電報原件有「請促陳先生即日就途，千萬，千萬」等句，即可窺其一斑。在陳獨秀的擘畫經營下，共黨組

織確立，各種工會林立[3]，工運已見端睨。陳炯明一心超越孫中山的領導地位（時任非常大總統），進而成為中國革命領袖的企圖，至此十分明顯。這時，孫、陳意見相左，已是公開祕密，常為國內報紙刊載的新聞。

陳氏亦在此時（民國十一年二月）趁便回海豐省墓，並視察各項建設。當他抵惠州西湖[4]的「百花洲餐廳」用膳時，主廚特地為他燒個「瓢矮瓜」。這款前所未嚐的美味，讓他齒頰留芳，吃得非常滿意。從此之後，他每到惠州，必在此用餐，主廚自然使出渾身解數，燒得十分「惹」味。而有槍有印的陳炯明為表謝意，及方便日後大啖此菜，遂想出個兩全其美之策，以解決此一「難」題。

於是他命副官寫個團級司令委任狀，親自鈐印，令「勤座」送給主廚，每月另發給團級「公注」。該主廚笑納後，不光有司令頭銜，還不必帶兵上陣，更有薪餉可領。一些好事者知此事後，便戲稱這主廚為「矮瓜司令」。

陳炯明這一舉措，正符合粵人所謂的「便益」原則。彼此方「便」，各受其「益」。他固不用掏腰包，主廚則實受其惠。不過，這種假公濟私的「利益輸送」，今日觀之，絕對是個非法行為。

3　約一百三十餘處。

4　此湖位於廣東東江之南，是個天然湖泊，其東面和南面緊貼惠州城，西面群山交聳，景致極佳。它是由菱、鱷、平、豐、南五個湖組成，曲折相通，自西北迤南。清代名書畫家戴熙為杭州人，在漫遊惠州西湖後云：「西湖各有妙，此以曲折勝。」

◎ 矮瓜是茄子的別名，為一年生草本植物，
古稱伽，又稱落蘇、昆侖瓜、小菰、紫膨
亨、草鱉甲等

▌超凡入聖瓤矮瓜

　　諸君或許奇怪，「矮瓜」到底何物，又是如何瓤法？其實，矮瓜是茄子的別名，為一年生草本植物，古稱伽，又稱落蘇、昆侖瓜、小菰、紫膨亨、草鱉甲等。以幼嫩的漿果供人食用。它源於東、南亞熱帶地區，古印度乃其最早馴化地。中國栽培茄子的歷史極久，一說是茄子第二個起源地。目前中國各地均有栽培，為夏季重要的蔬菜之一。

　　中國茄子的品種繁多，如按果實形狀、可略分成長茄、矮茄及圓茄三類。南方普遍種植者為長茄，皮色呈紫、綠或淡綠，主要品種有南京紫線茄、北京線茄、成都墨茄及廣東紫茄等，由此推之，陳氏嗜食的「瓤矮瓜」，「百花洲」主廚所運用的食材，當為廣東紫茄無疑。

　　其次要談的是瓤。現一般稱之為「釀」或「鑲」，均非也。照新版《辭源》上的解釋，瓤有二義，分別是指瓜內與子相包連，如絮而多汁的部分及果類果實分列成的子房，全當名詞用。後來一些中菜的製作，係先挖除瓜果之瓤，然後另填內餡，再加以烹煮成菜。因其乃填實主食材原先的瓤，故稱此填入的餡料為「瓤料」或「瓤子」。

當然啦，這主食材並不一定是用新鮮蔬果，豆腐亦是其一，在挖去其內部的軟「肉」後，再加上豬肉餡，即為東江著名的「瓤豆腐」。日本人後來師承此法，稱之為「揚げ」，今台灣淡水尚以此物為著名小吃，特名之為「阿給」。

瓤製菜肴具有鮮嫩清淡（指蒸），保持原味，形狀美觀的特點。其技術的關鍵有二：一為火候至關緊要，千萬不可過火，否則其形狀難保證完美；二為所使用的瓤料，既不可過乾，也不能太稀。過乾，會使主料與其分離；過稀，則不容易成型，甚至會一蹋糊塗。

至於這道瓤矮瓜所使用的餡，亦非尋常者可比。它是用五更[5]現宰，猶在顫動且肥瘦比例適中的豬肉，以一雙約尺半長的鐵條，靠手勁捶打成茸狀，再加其他調味料製成的。

由此看來，瓤矮瓜一味，想燒到超凡入聖，沒兩把刷子是不成的。

孫大總統自統有兩廣後，便思乘勝出師北伐，炯明不從，暗中搞鬼，竟與直系軍閥吳佩孚勾結，雙方並達成協議。其內容主要為：陳只要破壞孫中山北伐，吳即以畀以兩廣巡閱使之職。陳遂公開對孫中山表示，願意留任陸軍部長，並一再聲稱：「已催促葉舉等部迅速回防，葉等必無不軌行動，願以生命人格擔保」云云。

民國十一年六月十六日凌晨，葉舉之叛軍以大砲轟擊觀音山總統官邸，幸大總統已於半小時前離開，避難於楚豫艦。十七日抵黃埔，下令討伐叛軍，炯明一擊不中，繼又賄買海軍，並一再謀以水雷轟炸其座艦。北伐各軍聞訊，紛紛回師勘亂。陳乃軟硬兼施，大玩兩手策略，一方面派兵

---

5 舊時農業社會的屠戶，其宰豬的時間不早不晚，選在凌晨五時才開殺戒。

阻撓北伐軍，一方面又托人致親筆函給孫大總統，稱：「國事至此，痛心何極，炯雖下野，萬難辭咎。……惟念十年患難相從，此心未敢絲毫有負鈞座，不圖兵柄現已解除，而事變之來，仍集一身，處境至此，亦云苦矣！」竟還要孫「懇開示一途，俾得遵行」。由於措詞乖謬，當即遭到嚴詞痛斥。

陳的這一武裝叛變，國內輿論一致譴責，從此被定調為「反革命的軍閥」，永世不得翻身。因此，「他首倡聯俄容共一事。遂無人提起。中共羞於提起，國民黨則為孫中山諱飾」[6]。最後，這位爹不疼（國民黨）、娘不愛（共產黨）且大言「我本造反出身，再造一個反，亦不算事」的梟雄，於民國二十二年以腸炎病逝，結束他反覆無常的一生。我比較好奇的是，自民國十四年陳在惠州經營多年的根據地被黃埔學生軍攻克後，他是否有再嚐過那位「矮瓜司令」特製的「瓤矮瓜」呢？

---

6 見司馬長風《中國近代史輯要》。

曾國藩無辣不歡（上）

　　猶記得在宜蘭高中就讀時，高三的國文老師廖先生（已忘其名），籍貫湖南，鄉音極濃，聽起課來，好不吃力。他老人家對其鄉先賢曾國藩佩服得五體投地，常講些有關的軼聞故事。有一回，他在黑板上寫了兩副對聯，其一為：「不為聖賢，便為禽獸；莫問收穫，但務耕耘。」其二為：「丈夫當死中求生，禍中得福；古人有困而修德，窮而著書。」前者乃國藩自修自惕的箴言，後者則是他自撰懸於書齋的對子。我將此二聯恭錄於課本內頁，時時檢視，雖未奉行不替，但對我後來的觀念舉止，仍有不可磨滅的影響。

　　其後，好讀《曾文正公家書》及其尺牘、日記等，曾將其中的警語、格言，一一摘錄，俾便遵守。例如道光二十二年，他自訂的十二條課程，我有近三年的時間，力行不輟，這十二條包括：「主敬」、「靜坐」、「早起」、「讀書不二」、「讀史」、「謹言」、「養氣」、「保身」、「日知其所亡」、「月無忘其所能」、「作字」、「夜不出門」等。唯一做不到的，則是每天晚飯後，我必散步半小時，其餘唯力求謹而勿失而已。惜乎我一如他「生平坐無恆之弊」，只是所謂「萬事無成，德無成，業無成，已深可恥矣」，較

155

◎ 曾國藩故居

他遠甚，而「無恆是吾身之大恥」此節，尤有過之。難怪我倆之成就天差地遠，不可道里計了。

　　曾國藩，初名子城，字滌生，號伯涵，湖南湘鄉人。道光十八年進士，授檢討，再轉侍讀。累遷內閣學士、禮部侍郎，咸豐二年署吏部左侍郎。時太常寺卿唐鑑講學京師，國藩嚴事之，治義理之學。以丁母憂回籍，迨洪楊之事起，連陷沿江郡縣，天下莫不震動。奉旨督辦團練，於是編練鄉勇，幾度出生入死，終滅太平天國。戡平大亂，封毅勇侯，乃同治中興第一功臣。後以大學士任兩江總督，卒於官，贈太傅，諡文正，祀京師昭忠、賢良祠，各省建立專祠。

　　儘管一心慕聖希賢，其所做所為，也不無小疵。但曾國藩以公忠誠樸，倡率其將佐僚屬，風氣亦為之一新；凡治軍及居官，務求踏實，儼然有儒者氣象。其論學重義理、考據、詞章三者，所為古文亦卓絕一代，為世所宗。即使時移代換，他的一言一行，仍足為世師法。因此，有謂：「五百年來以儒生而立功、德、言，垂三不朽者，王守仁一人，曾國藩一人而已。」洵為確切之評論。

　　綜觀國藩一生，為世所稱者多矣。本文所要探討者，乃其專斷、頑癖及飲食偏嗜等，置其學問與事功於度外，但求發掘其罕為人知的一面，以及他的內心世界。

頑癬擾其一生

這兒且從關於他的傳說及擾其一生的頑癬說起——

據稗官野史的說法，曾「性畏雞毛，遇有插羽之文[1]，皆不敢手拆。辛未（清同治十年，公元一八七一年）十月，到上海閱兵，其時供張已備，從者先至，見座後有雞毛帚，囑去之，謂公惡見此物」。眾人「不解其故」，他的親家、時任觀察的郭階便告以：國藩「舊第有古樹，樹神乃巨蟒，相傳公即此巨蟒再世。遍體癬文，有若鱗甲，每日臥起，床中必有癬屑一堆，若蛇蛻然。然喜食雞肉，而乃畏其毛，為不解耳」。作者後來讀到袁枚的《隨園隨筆》，上面寫道：「一焚雞毛，修蛇巨虺，聞氣即死。蛟螭之類，亦畏此氣」，於是恍然大悟，知道曾國藩是「神蟒轉世，故畏雞毛也」。

其實，這段話亦非無據。曾國藩長子紀澤作〈祭文正公文〉，即云：「昔我高祖（指竟希公），夜夢神虬。……怖駭未終，誕降吾父，卜云大吉，為王室輔。」然而，齊東野語，本不足信。但國藩自三十五歲（道光二十五年）起，皮膚病大作，全身癢甚，其特點分別為：其色白，遍布全身；「大者如錢，小者如豆」；其膿水，以蜂蜜塗之，則抓破亦無水；且奇癢異常，抓爛作痛。當時認為這是熱毒，延請諸名醫診治，雖時有效驗，但從未治癒，一直困擾著他，至死猶未已。到了後來，藥石罔效，「瘡久不癒，癬疾如常，夜間徹夜不寐，手不停抓」，於是乎「人多勸買一妾代為抓搔……余意尚未定」。他自己也了解，「大約此是積年痼疾，

---

[1] 緊急公事之意。

非藥餌所能癒，亦非抓搔所能癒也」。結果不出所料，買妾抓搔，無益於病，身上的癬、瘡，「亦無增減」。

依據臨床經驗，曾氏的皮膚病，有可能是白癜瘋、銀屑病、疥瘡或神經性皮膚炎等，但經比較探究後，應以銀屑病為是。

銀屑病乃一種較常見的慢性鱗屑性皮膚病，中醫稱之為「牛皮癬」、「松皮癬」、「乾癬」等。其皮損狀況，起初為針頭或米粒大的紅色丘疹，表面長有少量白色鱗屑，以後丘疹逐漸融合，成為指甲、錢幣或手掌般大的，且大小不等的斑塊，這些斑塊彼此會互相融合，進而變成各種不同的大片損害。由於病程慢性，可以反覆發作，甚至遷延數年至數十年之久。曾氏由原先的輕度搔癢，惡化成奇癢難當，歸納其中原因，不出以下三種，甚且三者俱是。

其一為曾氏嗜辣。當他任兩江總督時，「屬吏某頗思揣其食性，藉以博歡，陰賂文正之宰夫。宰夫曰：『應有盡有，勿事穿鑿。每肴之登，由予經眼足矣。』俄頃，進宦燕一盂，令審視。宰夫出湘竹管向盂亂灑，急詰之，則曰：『辣子粉也，每飯不忘，便可邀獎。』後果如其言」。以上出自《清稗類鈔》，或恐有根有據。不過，清代名醫王士雄的《隨息居飲食譜》上，即記載著：一名辣茄的辣椒，其性「辛苦熱，溫中燥濕，禦風寒，殺腥消食，開血閉，快大腸，……人多嗜之，往往致疾」，且「陰虛內熱，尤宜禁食」。因此，曾氏所患的熱毒瘡癬，本應避免品嘗辛辣等刺激性食物，亂灑辣椒粉於食物內，適足以加重病情。

其二為曾氏長期失眠或睡眠不足。曾國藩將他所居之處，命名「求缺齋」。其宗旨為：「人求權貴，我求平凡；人求萬全，我求缺陷。」他在道光二十四年三月二十日「致諸弟」的家書中，附了一份「求缺齋課

程」，內容如下：

> 讀熟讀書十葉。(《易經》、《詩經》、《史記》、《明史》、《屈子》、《莊子》、《杜詩》、《韓文》)。
> 看應看書十葉。(不具載)
> 習字一百。
> 數息百八。
> 記過隙（即日記）。[2]
> 記茶餘偶談一則。(以上每日課)
> 逢三日寫回信。逢八日作詩古文一藝。(以上每月課)

此一課程，既簡且明。日復一日，月復一月，周而復始，以戒慎恐懼之情，抱求缺之心，而漸成一完人。其心理壓力之大，自非常人所能想像。此外，他篤守先人之家法，「黎明即起，醒後勿沾戀」；「戒惰莫如早起」；「起早尤千金妙方，長壽金丹也」。長期如此，兢兢業業，故「近年以來，精力日差，偶用心略甚，癬疾即發」，甚至「癬疾日甚，身無完膚，夜不成眠，惟日服滋陰之劑以冀平善」。正因失眠會加劇瘙癢，而瘙癢不停，又加重了失眠，此一惡性循環，歷歷不爽，終而難以治癒，無法斷根。他亦知其病根所在，自云：「此等皮膚之疾，終可不治自癒。惟夜不成寐，卻是緊要之症，須用養心和平之法醫之。」

其三為曾氏反覆不斷地抓，遂至不可收拾。清初趙亮曾戲言其高足、四川才子李調元，指出：「抓抓癢癢，癢癢抓抓，不抓不癢，不癢不抓，

---

2 須端楷，凡日間過惡，身過、心過、口過，皆記出，終身不間斷。

◎ 曾國藩書法

越抓越癢，越癢越抓。」在曾氏晚境自「腰以下，無寸膚不癬，……已覺減輕」下，仍娶妾抓搔，可見其抓與癢之間，確有「互助」的關聯性。更甭提他在咸豐十一年間，「遍身生瘡，奇癢異常」，以致「抓搔不停」了。

如按《諸病源候論》的講法，「牛皮癬此症，由於心、腎二經受病，血氣痞澀，不通潤于皮膚故也」。關於此病治法，其局部用藥者，可貼百分之五白降汞油膏，也可使用硫黃膏。後者的製法及用法為：硫黃五十克、花椒五十克、雞蛋五個、香油適量，將雞蛋殼一頭輕輕嗑開，去蛋白，留下蛋黃。硫黃和花椒二者，按等量混合，分別裝入雞蛋殼內，與蛋黃攪勻，置溫火上慢慢焙乾後，即連同蛋殼一起研成粉末，以細篩篩過去渣，加香油調成糊狀，再用此膏外擦患處。

又，中醫在使用中藥內治時，臨床上將銀屑病分為三型：（一）血熱型用銀花、紫草、生地、丹參、白鮮皮、黃柏、赤芍、知母、白蒺藜、梔子、大黃、白茅根；（二）血燥型用當歸、熟地、麥冬、天冬、白鮮皮、白蒺藜、生地、黃芩、地膚子、紅花；（三）血瘀型用當歸、生地、赤

芍、三棱、莪朮、土鱉蟲、白鮮皮、桃仁、紅花、枳殼、川芎、香附。同時以上各類型者，除服用中藥外，均外擦銀屑藥水，此藥水係由川槿皮、大楓子、烏梢蛇、蛇床子、白鮮皮、苦參、黃柏、樟腦、水楊酸等浸泡而成。

　　而今，為防止牛皮癬惡化，除了少吃辣食物及飲酒外，尚須注意保護皮膚、毛髮等的清潔衛生，且不宜用鹼性過強的肥皂洗澡。曾國藩在道光二十五年六月底，其「頭上生癬，身上生熱毒」，即「請醫細看，頭上亦非癬也，皆熱毒耳」，遂「用生地煮水長洗，或用熬汁厚塗患處即癒」，因此，他認為「蓋本因血熱而起，適當鬱蒸天氣而發，生地涼血而滋陰，所以奏功」。到了該年十一月下旬，則「頭上瘡癬至今未癒。近日每天洗二次，夜洗藥水，早洗開水。本無大毒，或可因勤洗而好」。他本人早先注重衛生，對病情亦持樂觀態度，本人也不好酒，無奈事與願違，一發不可收拾，之所以未治癒，實吃辣太甚耳。

▊嗜煙成習

　　曾國藩於嗜辣外，亦好吸食水煙、旱煙、潮州煙及以鼻吸食者。此肇因於他居京師之時，「士大夫無不嗜煙者，水、旱之外，又有潮、鼻、大之號。潮謂潮州煙、鼻謂以鼻吸者，大則雅（鴉）片也。一日，有同鄉總角交李廣文至，公以吸雅片也規之。李曰：『吾所吸者一耳，公水、旱、潮、鼻四者俱焉何也？』公瞿然曰：『繼自今，請子戒其一，我戒其四可乎？』旋李以事去，……」於是國藩在道光二十二年十月二十日致四位老弟書，寫道：「余自十月初一日立志自新以來，雖懶散知故，而每日楷

◎ 明清旱煙

書寫日記，每日讀史十葉，每日記茶餘偶談一則，此三事，未嘗一日間斷，十月二十一日立誓，永戒吃水煙，洎今已兩月不吸煙，已習慣成自然矣。」此時值壬寅年，國藩年三十二歲。

等到國藩辦理軍務，屢招李廣文相助，李氏一直未至，「最後來謁，公詢之，李赧然曰：『自與公約，聞公絕之久矣，而我沉溺如故，所不忍見公者以此耳。』公憫之，親為布榻，坐煙具旁如平生。已而嘆曰：『君老矣，不必官矣。』贈二千金而歸。

由此觀之，國藩戒煙的決心，絕非一般人可比，說戒就戒，發下毒誓，在日記裡寫下：「念每日昏錮，由於多吃煙，因立毀折煙袋，誓永不再吃煙。如再食言，神明殛之！」先從斷水煙開始，接下來是旱、潮、鼻三者，然後永不吸煙，歷經二月始成。其毅力及耐力，皆有大過人處，因而結成就非凡的豐功偉業，進而被譽為「影響現代中國第一人」。

▌癡迷圍棋

比較起來，嗜辣的曾國藩雖已戒煙，但身為一個圍棋迷，他的棋癮特大，固不在煙癮之下，更大到「幾乎每天必下，一般二、三局，多時甚至

下到五、六局，這不只耽誤時間，而且時常因用心、用腦過度，弄得頭昏眼花」。因此，他在戒煙前後，也曾下定決心，要一塊兒戒棋。起先既不上手，同時也不觀弈，無奈「手癢心悶難耐，便改為以『觀戰』而不『參戰』為戒」。然而，看著看著，不免躍躍欲試，非但動口，而且動手。事過之後，一旦反省，便自責自罵，待一臨場，又按捺不住，心癢手動。最後乾脆開戒，既觀戰又參戰，迷弈一如往常。

此一嗜好，始終伴隨著曾國藩，即使臨終之前，在那段沉疴纏身的時日裡，每天仍執意要下個二、三局，聊以遣懷去憂。當他去世的前一天，也就是一生最後的一篇日記裡，仍清清楚楚地留下「圍棋二局」這一令人聳容的記錄。

其實，嗜棋成癖的他，不拘時間場合，「無論是在官署公廨、私宅內室，還是出行途次，都可以隨地設局」。誇張的是，「不管處境順逆、心境好壞，弈棋都可雷打不動」，就算作戰敗北或家生變故，仍壓不下他下圍棋的興致。每當棋癮一發，亦不挑剔對弈者的身分、棋技，因時制宜，就地取材，無論是誰，都可成局。尤有甚者，有時夜歸而棋興未盡，還會在臥室擺個棋譜，自我玩味一番，一旦「雅」興驟發，乾脆邀請夫人披掛上陣。

曾氏一生對圍棋迷戀過度，不免影響其身體和學業、政務，他雖明白其中原委，想「克治」而終生未見成效，撰寫《百年家族‧曾國藩》一書的董叢林曾表示：「這恐怕是曾國藩在『檢身』當中，最為明顯的一失敗事項。」

不過，其割捨不掉的圍棋癖，並非一無是處，且有實質助益。畢竟，成天講究黑白二子在「入神、坐照、具體、通幽、用智、小巧、鬥力、若

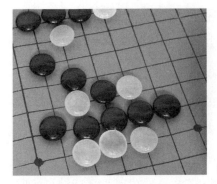

◎ 圍棋

愚、守拙」這「九品」當中打轉，而且不斷「推枰早定雙方局，下子還防一著差」，煞費思量，苦心浸淫其間，必使理路清楚，善於籌畫。故《清史稿》稱其：「凡規畫天下事，久無不驗，世皆誦之，至謂漢之諸葛亮、唐之裴度、明之王守仁，殆無以過」，評價極高，推崇爲「何至盛歟」！末了，並以「嗚呼！中興以來，一人而已」作結，給予莫大肯定。我想，曾國藩一生的事功當中，除「本於學問，善以禮運」；「公誠之心，尤足格眾」；「治軍行政，務求蹈實」；「汲汲以薦舉人才爲己任，疆臣閫帥，幾遍海內」這幾大項外，就沉迷圍棋這一點而言，或許也有些微功未勞吧！

曾國藩無辣不歡（下）

　　曾國藩一生儉樸，最惡鋪張侈靡。當他率領湘軍至池州時，當地的太守某勞軍，「餽酒筵甚豐。蓋其人頗風雅，而性好奢侈也。」他即正色告誡：「此何時，當以崇儉爲勗，吾願茹素耳。」太守唯唯而退。第二天，進素饌，國藩大悅，並告訴其隨從，他的話太守有聽進去。隨從道：「聞此筵費八十金，三倍於正席矣。」國藩下不了台，終以太守奢侈太過，「即具疏劾罷之」。

　　這位太守書中未載其名姓，不知其爲何方神聖，卻因拍馬屁未成，竟被馬腿掃到，眞個是「偷雞不著蝕把米」。不過，每個人對於飲食，總有一些好尚，事先打聽確切，才能投其所好，不致於冒冒失失，搞掉了烏紗帽。

　　前面已提到過，曾國藩在食材上，「喜食雞肉，而乃畏其毛」。其實，若論起他的最愛，則是「嗜野味，山豚、野鹿之類，好之尤篤」。有回，「軍人有射得野狐進獻者，令宰夫燔之。於是軍人慶得皮，文正慶得肉焉。即夕開筵，招幕賓同食。客低首大嚼，莫能辨味。文正笑曰：『此物媚，能惑主，其肉本不足食。以我之饕餮，汙諸君齒頰，再飯當不設此。』舉座頓悟」，知道吃了狐肉。

◎ 辣椒乃蔬果類蔬菜烹飪食材，屬茄科、
　辣椒屬一年生或多年生草本植物

　　而在所有的蔬菜類及調味料中，與野味及牛、羊肉最搭的，莫過於辣椒，可去其膻味及騷味。但清鮮味濃的蔬菜、水產、海鮮等，反而不適合用辣椒配，會奪味而損其鮮。

　　一般認為又稱番椒、海椒、辣茄、辣子、秦椒的辣椒是海外進口的。中國文獻中，記載最早者，乃明代馬歡所撰的《瀛崖勝覽》[1]，書中記載著：「蘇門答剌者，即古須文達那國⋯⋯其胡椒倚山居住人家置園種之，藤蔓而生，若中國廣東甜菜樣，開花黃白色，結椒成實。生則青，老則紅。候其半老之時，摘採曬乾貨賣。」馬歡乃鄭和下南洋的隨行通譯，因而有人揣測，辣椒或許就是他從南洋引進中國的。

　　而今的通說，認為在明末，據清代康熙年間出版的《花鏡》（約公元一六八八年），其作者陳淏子指出：「番椒，一名海瘋藤，俗名辣茄。本草一二尺，叢生白花，深秋結子，儼如禿筆頭倒垂，初綠，後朱紅，懸掛可觀。其味最辣，人多採用。研極細，冬月取以代胡椒。收子待來春再種。」

---

[1] 此書成於明成祖永樂十四年（公元 1416 年）。

其實，早在本書之前，《食物本草》、《群芳譜》、《遵生八箋》等書，皆有關於辣椒的零星記載，若推斷引進中國的時間爲明代中葉，應該是不離譜的。

有趣的是，產自中國雲南、號稱「辣椒之王」的「涮辣子」，據說只要在湯裡涮幾下，就是一鍋辣湯，辣椒掛起來後，還可連續使用，眞是不可思議。如果將它直接送口，脣舌會疼上一天，若再咀嚼一下，牙齦就會出血。目前只在思茅、瑞麗和元江等地區，有零星栽培，由於辣味太強，無法推廣種植，已面臨絕種的危險。有學者認爲這才是中國的原生種，並執此否認辣椒爲舶來品之說。看來尚無定論，除非有新事證，否則各執一詞。

基本上，辣椒乃蔬果類蔬菜烹飪食材，屬茄科、辣椒屬一年生或多年生草本植物。以果實供食用。其高二三尺，葉作卵圓形，略帶尖，有長葉柄，夏令開花爲淡黃色或白色之合瓣花冠，有長花柄，果實細長，起初綠色，熟則呈赤色而下垂，狀爲長圓形莢果，粗如小指，有赤色或黃褐色薄膜，作革質狀，具有光澤，莢中大半爲空洞，中有無數黃色心臟形種子，新鮮者帶臭氣，乾後則消失，味辛烈如灼。另，有一種爲木本者，產於台灣，根據范咸的《台灣府志》，其種自荷蘭國，乃荷蘭人據台時所遺，其果實與草本者無異，味亦辛辣，今則罕見。

依吳海峰在《評註飲食譜》上的講法：「辣椒辛辣，爲江浙人所不嗜，謂其散氣太甚，但據營養學家分析，稱其內含維他命A、B、C、D，是蔬菜中含維他命最多，而又最齊備之良好食品，營養價值，推爲第一，爲提取維他命之豐富原料。中國出產之辣椒乾，爲國際貿易之大宗，歐美

◎ 湖南人嗜辣，故而各式湘菜也因辣椒而更加風味獨特

人亦以華僑之傳播，嗜者亦眾。中國如四川、湖南、湖北、江西、浙東、粵北、閩北諸省人士，大都嗜好此品，尤其湖南人喜以辣茄作菜，如北方人之嗜蔥、蒜然。」言簡意賅，甚中肯綮，大有一讀價值。

湖南嗜辣飲食

身為湖南人，曾氏嗜辣，絕非偶然。哲學家張起鈞曾在《烹飪原理》上寫道：「抗戰興起，到了湖南，看到湖南人辣椒做得好香。嘗嘗吧，愈嘗愈勇敢。」短短幾句話，已為「無辣不成湘，無湘不成軍」一語，做了很好的註腳。事實上，「因為辣椒，湘菜更加錦上添花。辣椒在湖南人找到了用武之地，迅速發展，湘菜也因為辣椒而更加風味獨特，二者相得益彰，盡情演繹著湖湘飲食文化」。

經過三百餘年的傳承，食辣終在湖南根深蒂固，尤其是農村和山區的百姓，其家常菜中，餐餐無辣不行，成了「送飯」首選，甚至有「沒有辣椒吃不下飯」之說。湖南有首民歌，頗能道出其中況味，其詞云：「遠方

◎ 要製作辣椒粉和辣椒醬，必須使用乾
　辣椒，以四川的「二金條」為佳

的客人你莫見笑，湖南人待客愛用辣椒。雖說鄉裡的土產貨，天天不可
少。……沒有辣椒不算菜，一辣勝佳餚。湖南人實在愛辣椒。」

　　湖南進食辣椒的歷史，之所以會悠久，除了因物美而廉而備受青睞
外，主要還是受到氣候的影響。大體而言，湘北沿湖區的地勢低窪，天氣
潮溼；湘中、湘南山區易有瘴氣；加上冬寒夏熱，爲了刺激食慾，只有猛
食辣椒，始能「去溼氣、開心竅，健脾胃，強頭腦；……莫看辣得滿頭
大汗，勝過做理療」。

　　自從辣椒在湖南落地生根後，因湘南嗜辣，開始大量種植，早已遍及
全省。其品種有燈籠辣椒、牛角辣椒、朝天辣椒、青辣椒、紅辣椒、黃辣
椒、肉辣椒、甜辣椒、死麻子辣椒和五爪龍辣椒等。其中，邵陽的朝天辣
椒，乃中國六大優良品種之一；沅江的甜辣椒多汁而帶甜味，可當水果
吃；衡山的五爪龍辣椒口感最辣，博得「辣椒王」的美稱。

　　曾國藩嗜辣當然不落人後，據其小女曾紀芬的敘述，文正公在世時，
常令兒輩競食辣椒，又命媳婦、女兒競做辣椒醬，親自評判優劣，以取材
最辣者爲最優。

要製做辣椒粉和辣椒醬，必須使用乾辣椒。中國最著名的品種，為四川全省均有分布的「二金條」，且以成都龍潭一帶所產的品質最優，夙有「世界上最好的辣椒」之譽。其在選用時，則以色澤紅潤，身乾肉厚，大小均勻，味道夠辣，完整且帶蒂者為佳。

又，辣椒醬（即北京所稱的「秦椒糊」，其製法在薛寶辰的《素食說略》上，有著詳細介紹，指出：「辣椒，秋後選紅者懸之使乾。其微紅、半黃及綠者，磨作醬，甚佳。辣椒七斤、胡萊菔三斤，均切碎炒過。鹽十二兩，水若干，攪勻令稀稠相得。以磨石拐磨磨之，收貯瓷瓶，久藏不壞。吃粥下飯，勝肥膿數倍也。」只不知曾府的媳婦、女兒在競做辣椒醬之時，是否亦依此製做。

而今各種辣椒製品，五花八門，指不勝屈。即以曾國藩每菜必灑的辣椒粉而言，現在河南「永椒」就出品一種別致的「辣椒磚」，它是用辣椒粉配以大豆、芝麻加調味品壓製成磚塊狀，便於攜帶，只消以溫水泡開，就能食用。另，曾氏品評的辣椒醬，其加「料」的名品，尚有四川郫縣的豆瓣醬、台灣岡山的辣豆瓣醬、上海的火腿辣醬、芝麻辣醬和安慶的蠶豆醬等，風格各異，食味萬千。

▌堅苦卓絕的從政歷程

曾國藩堅苦卓絕，率湘軍苦戰多年後，終在清文宗咸豐十年（公元1860年）否極泰來，「天子慎選帥，就加國藩兵部尚書銜，署理兩江總督，旋即真除，授欽差大臣」。過了兩年，穆宗即位，兩宮太后垂簾聽

◎ 身為湖南人，曾氏嗜辣，
絕非偶然

政，天出異象，「日月合璧，五星聯珠」，經欽天監測定後，認爲「楚地有
賢才，佐致中興之兆」，於是「加國藩太子少保銜，命節制江蘇、安徽、
江西、浙江四省」，但「國藩惶懼，疏辭」，三奏辭，仍不允，再加協辦大
學士銜，「朝有大政，咨而後行」。所有榮耀，驟加一身，大丈夫而如此，
不可不謂風光矣。

　　就在此之前，在太平天國方面，「天王洪秀全僭號踞金陵，僞忠王李
秀成等犯蘇、滬，僞侍王李世賢等陷浙、杭，僞輔王楊輔清等屯寧國，僞
康王汪海洋窺江西，僞英王陳玉成屯廬州，且捻首苗沛霖出入潁、壽，與
玉成合，圖竄山東、河南，衆皆號數十萬」，其軍容壯盛，實難與爭鋒。

　　待國藩拜領協辦大學士後，據《清史稿》的記載：「督諸軍進討。於
是國荃有攻金陵之師，鴻章有征蘇、滬之師，載福、玉麟有肅清下游之
師；大江以北，多隆阿有取廬州之師，續宜有援潁州之師，大江以南，鮑
超有攻寧國之師，運蘭有防剿徽州之師，宗棠有規復全浙之師。十道並
出，皆受成國藩。」等到「江寧平，天子襄功，加太子大傅，封一等毅勇

侯，賞雙眼翎」。自滿清「開國以來文臣封侯自是始」。當「朝野稱賀，而國藩功成不居，粥粥如畏」，其功勳、道德及操守，環視當代中外，一人而已。

天津教案使國藩心力交瘁，「既負重謗，疾益劇」，於是國藩重作馮婦，再督兩江。「江南人聞其至，焚香以迎。……其幕府亦極一時之選，江南文化遂比隆盛時」。當此之際，他心神俱疲，於七月初六日寄家書字諭紀澤，寫道：「余日內病情如故，總是胃口不開。瀉已止，每日出恭一次，但不乾耳。賀峻林以精肉煨後再蒸，比食兩頓，略可下咽。醫家謂心脈、脾脈皆壞，余亦自覺病深，而尤以同疾為苦。蓋目及胃口，皆與爾母相近，而雜病亦多，乃知老境之難也。」衰病交迫，溢於言表。

待七月十二日、七月十七日及八月初八日的三封字諭紀澤的家書中，則提及「吾病近四日未服藥，專烹精肉、鯽魚之類，胃口稍開，飯量亦加，惟眼矇日甚」；「余日內胃口尚開，十四、五仍水瀉，十六、七稍見乾澀」與「余胃口尚好，惟兩腳酸軟未癒，上下皆需人扶掖」。顯然曾氏的胃口，已見改善，出恭的糞便，情況稍可，講句老實話，此皆辣椒之功。

具體而言，辣椒能刺激口腔黏膜，引起胃的運動，促進唾液分泌，發揮消化酶的活性，故而有顯著地增進食慾、強化消化的功效。此外，「辣椒能治胃弱胃寒，胃病中的慢性胃炎，一般皆名曰『胃寒症』。尚有一種胃神經衰弱，消化不良症，俗多稱曰『胃弱』。這兩種胃病，宜常食辣椒，很為有益。因辣椒能興奮胃壁肌肉神經血管，使其興奮以助消化故也，但胃潰瘍與十二指腸潰瘍則殊不宜」。

又，名醫吳海峰在發表以上的高論後，亦言辣椒「可治溏瀉，凡慢性腸炎，致大便不能成條，須用溫中補氣之劑者，乃腸機能衰弱之故，平時宜吃辣油、辣醬、辣腐乳佐餐，功能溫中理腸，恢復腸的功能」。精闢易懂，值得參考。

曾國藩此後的家書，不論是字諭紀澤或致澄、沅兩弟書，多處提及「目光日矇」、「目疾日甚」、「目疾日劇，右目久盲，左目亦極昏矇」等句，此亦與其多食辣椒損目有關。

由於辣椒能收「開胃口」、「瀉大腸經寒澼」等功效，難怪曾氏督兩江時，其廚子「沒有辣椒不算菜」，即使進官燕這種至清至補之物時，也會「出湘竹管向盂亂灑」，而且大言不慚地說，「辣子粉也，每飯不忘，便可邀賞」了。

文人品味的個性

《清史稿》盛稱：曾國藩「爲人威重，美鬚髯，目三角有稜。每對客，注視移時不語，見者竦然，退則記其優劣，無或爽者」。事實上，曾氏觀人看相的功夫一流，除相江忠源將以兵死而名噪天下外，其「知人之明，最不易及」。如薦左宗棠，稱「剛明耐苦，曉暢戎機」；薦李鴻章，稱「才大心細，勁氣力斂」；薦彭玉麟，稱「任事勇敢，勵志清苦」；論者咸以爲短短兩句，「皆足括其平生」。只是他老兄再怎麼厲害，也有栽跟斗之時，且看《進德錄》上的記載：「當金陵初復日，有人往謁曾侯，中間論人須杜絕欺騙。因而大話說：『受欺不受欺，但在自己如何而已。像

中堂（總督之尊稱，時曾國藩官拜兩江總督）之至誠盛德，人自不忍欺；左公（指左宗棠）之嚴氣正性，人亦不敢欺。至於某某諸公，則人雖不欺，而尚疑其欺，或已受欺而不悟其欺者，比比皆是也。」侯大喜，待為上客，委以政事。未幾，客忽挾重金遁去。侯乃自捋其鬚曰：『人不忍欺！人不忍欺！』左右聞者，皆匿笑不敢仰視。」

曾氏向以克己之嚴及軍紀之肅著稱，即便如此，仍擋不住戴「高帽子」的威力，可見「千穿萬穿，馬屁不穿」，確為至理名言，可放諸四海而皆準。

其實，嚴肅如曾國藩者，亦有詼諧風趣的一面，其初任兩江總督，盡瘁政事之餘，某書吏呈稿上，錄其全銜，字細且長，密密麻麻，甚感累贅，乃提筆刪去，並批詩一首云：「官兒雖大有何用？閒字徒多看不清；刪去此條重繕寫，留為日後作旌銘。」等到金陵克復，為了振興經濟，恢復六朝金粉的繁華，曾下令開放秦淮畫舫，並自己帶頭，贈妓嵌字聯，如贈名妓大姑聯云：「『大』抵浮生若夢，『姑』從此地銷魂。」其風光旖旎處，盡在不言中了。

曾國藩最可愛之處，在於不矯情，他曾對吳敏樹、郭嵩燾說：「我身後碑銘，必屬兩君共任捃飾（意即怎麼撰寫，悉聽尊便）。銘詞之句，吾自有之，曰：『不信書，信氣運；公之言，告萬世。』臨終之前，又誠其子曰：『吾學未成[2]，詩文但存示子孫，慎勿刊刻傳送。』由於歷來「豪傑多諱言數（指天命），勛臣每恥無文」，但曾國藩能勘破世俗，亦可想見他的襟懷磊落矣。

---

[2] 這是客氣話，《清史稿》稱其：「天性好文，治之終身不厭，有家法而不囿於一師。……經緯萬端，一貫之以禮」。

末了，純就品味而言，曾氏出任兩江總督時，每菜得下辣椒粉之舉，實有成長空間。詩人秦牧在《藝海拾貝》上說：「自然，胡椒、辣椒是精采的調味品，但是，卻不必因此就把辛香配料當做糧食，更不必道道菜都下胡椒、辣椒……」旨哉斯言！當為嗜辣及味厚始歡者戒。

伊秉綬麵飯雙絕

　　小時候每到嘉義的外婆家，姨丈常帶我們去當地一家有名的廣東餐館打牙祭，終席之前，總會來盤廣州炒飯，讓大家吃到盡興。那盤炒飯實在誘人，鮮紅的叉燒丁、翠綠的碗豆粒、粉白的大蝦仁、黃澄澄的蛋塊、晶瑩的白飯粒等，全納入一白瓷盤中，交織成一幅賞心悅目的圖畫，光看到就誘人饞涎啦！老實說，那炒飯炒得還真不錯，望似五色糾結，實則蓬鬆散爽，聞得到鑊香氣，即使腹滿為患，仍忍不住叫添，甚至接二連三。我的肚量奇大，或許與此有關。

　　不過，自從我愛上了廣州炒飯，一到廣東館子用餐，總會叫盤廣州炒飯裹腹，但就不是小時那牽腸掛肚的滋味。因此，當我第一次去香港，心想本尊炒的總該更好吧！興沖沖的前去，卻不見廣州炒飯，倒是有揚州炒飯，心頭不免嘀咕，基於神農氏嚐百草的心理，仍然叫盤來吃，發現竟和台北的廣州炒飯，不論在食材及色、香、味上，均似曾相識，心中不覺納悶。後來又去另一上海館子吃飯，也點客揚州炒飯，除了叉燒肉丁改成精火腿粒外，其他並無不同。此乃我對揚州炒飯的第一印象，一直到對中國的飲食史下過番苦功後，才理清其頭緒。

▍揚州炒飯不在揚州？

　　公元二○○二年世界飲食界的頭等大事，居然是揚州市將「揚州炒飯」申請註冊成專利商標，不但公布一套所謂的標準材料、烹製方法和技術要求，甚至連售價亦有規定，此舉果然石破天驚，消息傳出之後，立刻引起餐飲界一片譁然；影響所及，台港二地亦捲入戰局，搞得沸沸揚揚。究其實，蛋炒飯的起源也不是在揚州，而是另有所本。

　　目前的蛋炒飯有三種型式，一是先將飯炒好，再把蛋和其他佐料炒畢，澆在炒飯上，樣子像燴飯，早年流行於上海的一些弄堂小館，像台北以包子聞名的「康樂意食堂」，即以擅燒此味而吸引食家的青睞；二是蛋與飯同炒，再以蛋裹飯，其手法要快，趁蛋將凝未凝時落飯，然後猛火兜炒，使蛋凝於顆顆飯粒之上，其妙在黃白相映成趣，號稱「金鑲銀」，乃現在座落揚州市國慶路大街的「菜根香飯店」招牌飯點；三是先把蛋炒香再落飯，不停地炒，將飯炒散，接著下其他配料。當下的揚州炒飯、廣州炒飯及新興的「布希揚州炒飯」，均是循此模式。而新近揚州市烹飪協會依據《淮揚風味》、《中國揚州菜》、《揚州菜點》等菜譜之敘述，初步擬定所謂的「揚州炒飯」，接著與揚州市有關院校及專家集思廣益，再推出的所謂「標準揚州炒飯」（主料、配料及調味料分量比例如下列），堪稱此類蛋炒飯的集大成之作。

「揚州炒飯標準」用料			
上等白米	500克	火腿	10克
雞蛋	4個	干貝	10克
海參	20克	蝦仁	50克
雞腿肉	30克	花菇	20克
蔥花	10克	鮮竹筍	30克
蝦籽	1克	青豆	10克
精鹽	6克	清雞湯	100克
紹酒	6克	菜油	60克

類似蛋燴飯的蛋炒飯，據漢馬王堆出土的漢代考古資料顯示，其源頭當為「卵㯦」（又可釋為糒或糅），亦即黏米飯加蛋。這種飯在中國飲食史上最露臉的，為唐中宗景龍二年（公元七〇八年）時，大臣韋巨源晉升右僕射，他向皇帝循例所獻的「燒尾宴」中，即有一款「御黃王母飯」，此飯的註解為：「遍鏤卵旨蓋飯面，裝雜味」，以今日的觀點來看，即是什錦蛋燴飯。現通行日本的鮭各式各樣丼飯，即為其遺風。

金鑲銀一名「金裹銀」，相傳此飯出自隋代的越國公楊素，此飯本名「碎金飯」，因隨著隋煬帝南下，而在揚州落地生根，現已成揚州蛋炒飯重要的一支。

當今通稱為揚州炒飯的蛋炒飯，其所以得名，仍眾說紛云，總歸納之後，約有四種說法。

一、廣東人所說「揚州」，其實是叉燒和蝦仁兩種食材統稱。原來在清德宗光緒年間（公元一八七五至一九○八年），廣州已有淮揚餐廳，其中，又以「聚春園」最負盛名。其「揚州鍋巴」一味，尤為食客津津樂道。由於此菜是以叉燒、蝦仁等食材烹調而成。故凡用叉燒、蝦仁為食材所燒的菜或飯，一律冠上「揚州」之名。

二、知名食家逯耀東教授認為：「粵菜在近代中國菜系形成過程中，是一個最能兼及他人所長的菜系。鴉片戰爭之前，廣州已是通商口岸，廣州有許多江南菜館，粵菜汲其所長，揚州炒飯就是其中之一。一如今日粵菜館出售的星州炒米粉。這種炒米粉由福建傳到南洋，然後再回流過來。所以，炒米粉裡多了辣椒，當然稍添咖哩也不出其規範」。正因逯氏極具權威，故香港一些飲食專欄作家如蔡瀾、李純恩、劉健威等便奉為圭臬，一致表示，「揚州炒飯不是出自揚州，正如星洲炒米粉不是出自新加坡、葡國雞不是葡萄牙的食品一樣」。故絕不能因有「揚州」兩字，揚州當局就據為己有。

三、相傳乾隆下江南時，微服遊經揚州某地，因飢不得食，曾就食於某一農家，吃罷其奉上的蛋炒飯後，讚不絕口，問其何名？農夫告以揚州炒飯。從此之後，揚州炒飯聲名大振。待傳入廣州後，飯館莫不假「揚州炒飯」之名饗客，藉廣招徠。

四、已故飲食大家唐魯孫認為揚州炒飯是伊秉綬發明的。伊府有一麥姓廚子，頗精割烹，他們在伊秉綬任職揚州知府期間，一起研發出新款的蛋炒飯，這「炒飯所用的米必用洋秈，也就是西貢暹邏

米，取其鬆散而少黏性，油不要多，飯要炒得透，除了雞蛋、蔥花之外，要加上小河蝦（仁），選鈕扣般大小者爲度，過大則肉老而攙口了，另外金華火腿切細末同炒，……後來廣州香港的酒家菜都賣揚州炒飯，蝦仁大如今日的十元硬幣），火腿末變成叉燒丁，楞說是揚州炒飯，伊墨老[1]地下有知，豈不笑煞？」

讀者只要細心比較，便可發現第一說根本在胡扯；第二說流於臆測；第三說乃齊東野語；只有第四說才有憑有據，道出眞正的揚州炒飯長得是啥模樣。另，這種揚州炒飯並非泛泛之輩，像民國五十一年四月，蔣中正總統在圓山大飯店歡宴越南共和國總統；六十六年九月，嚴家淦總統在中山樓歡宴東加王國的兩次國宴中，揚州炒飯均是其中重要的一味，其食材與製法，都和唐老所說的，如出一轍。

諸君或許會問，伊秉綬倒底是何方神聖？我想對中國書法史有研究的，對他老兄應耳熟能詳。他字組似，號墨卿，晚號墨庵，福建汀州寧化縣人，故人稱「伊汀州」。出身於書香世家，父親伊朝棟且官拜光祿寺卿。自幼讀先儒之書，拜理學名家陰靜方爲師，請求立心行己之學。乾隆五十四年中進士，曾任惠州、揚州知府，能視民如己子，極受百姓愛戴，且爲戢盜能吏。他除擅長書法外，亦攻畫、篆刻、詩文，著有『留春草堂詩鈔』傳世。

其書法博採眾家之長，法古而變古，終於創造出有個人獨特超絕的不朽書風。不僅兼擅篆、隸、行、草、楷各體，隸書尤妙，自創一格，足以陶鑄千古。他筆筆中鋒，則學自劉墉（即歷史劇中的宰相劉羅鍋），

---

[1] 伊秉綬號墨卿。

◎ 五色糾結，實則蓬鬆散爽的炒飯

經刻苦鑽研，得其「執筆法」[2]，後另闢蹊徑，從八分入手，因善變其法[3]，遂「愈大愈雄」，筆墨「能通神」，因而與鄧石如並稱爲啓碑法之二「開山始祖」，進而集「清代分書之大成」。

伊秉綬提倡「端厚古樸」的書風，一向反對「甜媚纖逸」，曾自云：「詩到老年唯有辣，書如佳酒不宜甜。」其於飲食上，則主張多食菜蔬可以清心，講究清淡不膩，「正宗」的揚州炒飯便吻合這個宗旨，以色雅味雋見長。

另，揚州的「菜根香飯店」，現以「各式」的揚州炒飯聞名中外，種類繁多，計有清炒蛋炒飯、桂花蛋炒飯、月牙蛋炒飯、火腿蛋炒飯、三鮮蛋炒飯、什錦蛋炒飯、蝦仁蛋炒飯等，就是沒有原創的揚州炒飯，「本尊」湮滅不彰，不相干的「分身」反而一大堆，寧非怪事一樁？

2　他曾對另一位書法家包世臣說：「吾師授法曰：『指不死則書不活。』」

3　他授兒子的學書要訣爲方正、奇肆、恣縱、更易、減省、虛實、肥瘦、毫端變化、出乎腕下、應和凝神造意、莫可忘拙。

那麼揚州烹飪協會爲何急於「正名」揚州炒飯呢？除了粵、港混淆眞相等遠因外，公元二○○一年美國總統布希在參加上海舉行的亞太經合會非正式領袖會議時，下榻於美資的「波特曼酒店」，會議期間，他最愛吃的食物，居然是揚州炒飯和咕咾肉。此經媒體大肆渲染後，「揚州炒飯」竟蜚聲國際，飯店人員見狀，乾脆在揚州炒飯之前冠上「布希」二字，又稱「上海炒飯」。如此混淆視聽，是可忍，孰不可忍？於是興起向大陸相關部門申請註冊商標的念頭，並藉著媒體大幅的報導，使揚州炒飯能「定於一尊」，姑不論其申請是否成功，此舉似已達到「正名」的效果。有人認爲是小題大作，其實它正是借題炒作。

　　基於好奇的心理，我特情商位於永和「上海小館」的馮兆霖老闆，請他同時燒製「正宗」的揚州炒飯和「加料」的揚州炒飯，一起品享，以定優劣。結果發現伊氏首創的揚州炒飯，蛋香米香協調，蝦味肉味融合，陣陣鑊香逸出，不愧名家風範。至於那「標準」的揚州炒飯，勝在味繁料足，主味因而不顯，不啻畫蛇添足，兩者高下立判。

▌伊府麵風行東瀛再回頭滿足各地的東方味蕾

　　說著說著，那伊府麵和揚州炒飯又有何關聯呢？聰明的讀者一定察覺得到，兩者必然同出一源，全是從伊秉綬的府裡發明出來的。

　　伊府麵簡稱伊麵，台灣則叫「意麵」，當是訛音之故。搞笑的是，早先在台灣製作伊麵者，率多爲汕頭人，今竟有業者將伊麵逕名「汕頭麵」者，不倫不類，莫此爲甚。看來伊麵也和揚州炒飯一般，名稱不一，亂象林立，不知伊於胡底？伊秉綬若九泉之下有知，恐怕會哭笑不得！

◎ 坊間常見的意麵

正統伊麵的做法如下：取用上等精麵，比例是每斤精麵粉配蛋白四兩和適量豬油。先把麵糰搓打到筋度均勻，然後捵成麵條。煮麵時火力要猛，水要沸騰，俟麵條剛熟即撈起，置涼再炸。炸時嚴控火候，一鍋只炸一個。唯有如此，才會體積特大，麵條粗壯，外型美觀，鬆化潔白，爽滑可口。臨食之際，則將麵浸軟，用沸水、上湯、雞湯煨、炆均可，且因澆頭不同，形成各種風味。若以伊麵炒食，滋味著實不凡，故博得「麵中之王」的尊號。

伊麵雖未在中國註冊商標，但它的分身們早已在東瀛申請專利，進而大發利市，其過程頗富傳奇色彩。

一九五五年，日本人安藤百福在大阪市開了一家加工及銷售食品的小公司，由於競爭激烈，實在不好經營。他每回下班時，都會看到人們在小館或攤販前大排長龍，只為等吃拉麵裹腹，這啟發了他的靈感，想做一個用滾水即可沖食麵食的獨門生意。於是他買了軋麵機開始試製，經過數十次的失敗、改進後，終從伊麵中悟出道理，並找到了答案。

一九五八年八月，第一款速食麵「雞絲麵」正式上市，馬上獲得肯

定，造成搶購風潮。同年十二月，他把原先的小商社順利轉換成「日清食品」，專營速食產品，在經營得法下，不僅席捲東瀛，而且震驚海外，訂單源源不斷。

不以小成自滿的安藤，更於一九六六年前往歐美各國調查速食市場，並改進製造方式及包裝技術，開始量產風靡一時的「生力麵」，同時申請專利，狠狠撈上一筆。到了一九七○年底，他正式在美國與味之素、三菱合股投資，建立「日清工廠」，進一步把袋裝的速食麵改良成杯裝型式，且不斷研發新口味。從此之後，速食麵在速食界中一支獨秀，風行兩岸[4]三地，擴及全球各處，賺進銀子無數。

從揚州炒飯和伊府麵這兩個例子中不難看出，凡消極保守、畫地自限者，必貽笑大方；至於積極進取、求新求變者，將商機無限。就我個人而言，每次去茶樓飲茶時，扮演最後終結者的，不外廣州（即揚州）炒飯或乾燒伊麵。面對這兩樣源自同處的美食，心中所念念不忘的，正是伊秉綬「拙樸為本，自出機杼」的嶄新書風。畢竟，身為有清一代的大書法家，居然能在中國近代飲食史上掀起偌大波瀾，這應是他本人所始料來及的吧！

---

[4] 大陸稱方便麵。

拉麵縱橫古今談

在哈日風的持續發燒下，走紅台灣好一陣子的日本拉麵，非但其勢不止，至今未曾稍歇；而且後勢看俏，仍有成長空間。由於媒體不斷炒作，很多人不明所以，還以為拉麵是日本人發明的哩！

▌拉麵源於中國山東省

其實，日本拉麵淵源於山東省，如照新橫濱（位於橫濱附近）「拉麵博物館」陳列的資料來看，應是明末大儒朱舜水東渡日本時，所順便帶來的，推算著日期，就算是他第七次（也是最後一次）抵日，距今亦有三個半世紀的光景了。

據《清史稿》上的記載：「朱之瑜，字魯璵，號舜水，餘姚人，寄籍松江。少有志概，九歲喪父，哀毀踰禮。及長，精研六經，特通毛詩」。他自二十一歲至四十歲的二十年中，正處明末光宗、熹宗、思宗三帝內憂外患的政局中，早就有心放棄仕進，隱居山野，耕耘自給，但他這個想法，卻不為兄長們所諒解。

◎ 朱舜水像

　　直到崇禎十一年（公元一六三八年），才以諸生兩奉徵辟[1]，但均不就。

　　南明福王當國時，由於堅拒出任江西提刑案司副使兼兵部職方司清吏司郎中、監荊國公方國安軍，因而得罪來使周某，於是台省交章彈劾「之瑜偃蹇，不受朝命，無人臣禮」，責以忤旨，準備捉拿。驚聞此一惡耗，他不及別家人，星夜逃避海濱，從此未再返家。不久轉赴舟山，寄跡商賈之列，然後首渡日本，時爲隆武元年（公元一六四五年）。

　　永曆十三年（公元一六五九年），鄭成功再度北伐，舜水與子大咸皆參軍於馬信營中。失利後，受口諭再赴日本待機，這是他最後一次來到日本，其弟子安東守約知其欲保明室衣冠，固請留日，並上書長崎鎮巡黑川正直轉稟，徵得薩摩侯鍋島直能同意，打破日本鎖國四十年來厲禁，特許其永住日本。

　　正當安東守約上書時，有一譯者陳明德爲讓舜水早日獲得永久居留權，建議他撰文頌揚長崎鎮巡，他則嚴詞拒絕，另，在致守約函中直陳：

---

[1] 一次是以「全才第一」獲薦於禮部，另一次則是其座師吳鍾巒貢爲「開國來第一」。

「完翁（陳明德號）又命作文頌美。不知作文有時候，自有體局……君子一言不智。喪其終身……」。其屬冰雪之清操，由此宛然可見。

翌年七月，張光啓持鄭成功致舜水私函，到長崎向日本請援，在其奔走協助下，光啓獲一批武器返回廈門覆命。

舜水流寓長崎時，生活拮据，捉襟見肘。守約見其如此，乃分半俸供養，如有土儀時物，絡繹差人送至，自奉惟敝衣、糲飯、菜羹而已。日本寬文三年（公元一六六三年）春，長崎發生大火，朱舜水之住所，燒得片瓦不存，本人亦被灼傷，乃暫避難於「皓台寺」廡下，該寺住持月舟心儀其學養，給予一些照拂，但廡下不能避風雨，且盜賊充斥其間，且不保夕，困頓極矣。而在此之前，一法號「獨立」之僧人，勸其落髮爲僧以混生活。舜水不爲所動，認爲人在最艱難時更應堅忍，斷不能置祖宗祭祀與墳墓於不顧，決保留數莖頭髮赴九泉以朝先人。

又，安東守約驚聞長崎大火，即兼程自柳川趕來探望老師。舜水聽其妹病危，便對守約說：「你正臨手足病危之際而不顧，遠來長崎看我，可能一同餓死……以後千萬不可如此！」力勸守約盡速回去。

起初舜水辭以守約奉祿分其半過多，守約答曰：「老師高風峻節，必不受不義之祿，豈以守約之所奉爲不義之祿乎！」又云：「守約尊信老師，本非爲名；老師愛守約，亦豈有私！惟欲斯道之明而已。」舜水至爲感動，許爲在日第一知己，終生不能去懷。他在致長孫毓仁的信中，稱：「此等人，在中原亦自少有」；囑「須當銘心刻骨，世世不忘。」

舜水主張實學，謂其學只有「木豆、瓦登、布帛、菽粟」而已，「不用則卷而自藏耳；萬一世能大用之，自能使子孝臣忠，時和年登，政治還醇，風俗歸厚」。第二代水戶侯德川光圀聞其志節，以爲伯夷再世，萬分

敬仰。乃迎至東武，親執弟子禮，並奉爲國師，於駒籠山莊建其新居。舜水四度力辭，且云：「吾藉上公（指光圀，時爲副將軍，相當於宰相）之眷顧，孤蹤於外邦，得養志節而保明室之衣冠，感恩浴德，莫之大焉，而不能報其萬一；至於衣之、食之、居之，或豐或儉，則未嘗置之懷抱也。……恥逆虜（指滿清）之未滅，痛祭祀之有闕，若豐屋而安居，非吾志也。」經德川光圀再三慰諭懇請，舜水才勉從之。

日本寬文八年（公元一六六八年）二月，舜水由水戶至武江新居（江戶之駒籠，即今東京駒込，亦爲現今之東京大學農學部校園），自奉依然甚儉，僅雇一個十一、二歲之醜女孩負責炊事、雜事。德川光圀曾親訪其府第，見其正吃拉麵，遂一同食用，此即拉麵在日本亮相之始，「拉麵博物館」盛稱其事，並定其名爲「水戶藩拉麵」。

舜水淹通經史，工藝精巧，《清史稿》稱他「爲日人作學宮圖說，商榷古今，剖微索隱，使梓人（工匠）依其圖而以木模焉，棟梁枅椽，莫不悉備。而殿堂結構之法，梓人所不能通曉者，親指授之。度量分寸，湊離機巧，教喻縝密，經歲而畢。文廟、啓聖宮、明倫堂、尊經閣、學舍、進賢樓、廊廡射圃、門戶牆垣，皆極精巧。又造古祭器，先作古升、古尺，揣其稱勝，作簠、簋、籩、豆、登、鉶之屬。如周朝敧器，唐、宋以來，圖雖存而制莫傳，乃依圖考古，研覈其法，巧思默契，指畫精到。受之工師，或未洞達，復爲揣輕重，定尺寸，關機運動，教之經年，不厭煩數，卒成之」。同時，他又「率儒學生習釋奠禮，改定儀注，詳明禮節」，遂使「學者皆通其梗概，日人文教爲之彬彬焉」。

此外，他又在水戶民間親授蠶桑製絲之術，醫藥種痘之方，當地父老至今猶傳頌其德。他另提倡歷史有益治道，因而設「彰考館」，集合學

者編纂《大日本史》，仿《朱子綱目》例，正君臣名分，嚴是非邪正，充滿尊王斥霸思想。以致他所創之「水戶學派」，對日後之王政復古貢獻尤大。故日本學者高須芳次郎指出：受朱舜水影響的「水戶學派之思想，爲促成明治維新實現之一主力」。

舜水逝世後，德川光圀嘆息不已，親送其葬，自題神主，葬於常陸久慈郡太田鄉瑞龍之麓，依明式成墳。碑題「明徵君朱子墓」[2]。其後，德川光圀召群臣商議，以舜水「道德博聞曰文；執事堅固曰恭」故，諡「文恭先生」。

這位「博學強記，靡事不知；起廢開蒙，孜孜善誘」的朱舜水先生，他在飲食上對日本影響最著者，其一爲拉麵，另一爲栗子羊羹。格於篇幅限制，且在此專談拉麵。

▌拉麵的各式吃法

全世界第一部記載拉麵製法的典籍，乃宋詡寫於明孝宗弘治十七年（公元一五〇四年）的《宋氏養生部》，原先的名字叫「搊麵」（即扯麵），後來再叫「抻麵」，最後才叫「拉麵」。

眞正使拉麵揚名之地，乃山東省煙台市的福山區，故又稱「福山大麵」。起初在膠東盛行，後來傳至山西、陝西。據清人薛寶辰《素食說略》上的講法，這些地方的拉麵，不僅可以抻拉成細條[3]，還可以拉成三稜形或

---

[2] 朱舜水前後被朝廷或封疆大吏徵聘十二次，故稱「徵君」。

[3] 現製作拉麵時，須將揉勻之麵團放在盆裏餳十分鐘。取出後，置案板上，再揉勻，搓成粗長條狀麵坯。兩手握住麵坯兩端，提起在案板上摔打，並順勢甩拉變長；接著把兩端麵頭交在一隻

中空形的麵條，其精巧的手法，令人嘆為觀止。

福山是中國有名的「烹飪之鄉」、「廚師之鄉」。從明、清一直到民國二〇年代前後，北京、天津一帶的各大魯菜飯館，其廚師幾乎都是「福山幫」的天下。更有甚者，其勢力及於日、韓。依據民國十八年的統計，福山人在這兩地開設的館子，竟高達五百家，其影響力之大，可謂無出其右。因此，拉麵會在日本盛行，實與出自拉麵故鄉的福山師傅息息相關。

另，據日方資料顯示，拉麵在日本落腳生根之處，乃橫濱市的中華街。起因是歐美貿易商的隨從或譯者[4]於安政六年（公元一八五九年）七月一日橫濱開埠時，就留居在此，形成了唐人街。二十世紀初，這裡的餛飩及「柳麵」（一種加上柴魚、海帶、醬油等材料做成的清湯拉麵），就已是日本知名的美食了。

拉麵之所以會在日本普及，固然與福山幫的廚師有關，但推波助瀾的首要因素，卻是大正中期發生的關東大地震。當時，在瓦礫下的東京，很多人無以為生。於是製作容易、價格低廉的拉麵攤，便如雨後春筍般地冒出來，配上哀聲遍野，實在慘不忍聞。只不知朱舜水在長崎發生大火後，於避難「皓台寺」廡下時，可曾食拉麵裹腹？

有趣的是，甲午戰爭後，日人氣燄高張，貶拉麵為「支那拉麵」。抗戰勝利後，恢復以往稱呼，改叫「中國拉麵」或「中華拉麵」。然而，北海道及九州兩地的業者，為標榜自己的「正統」地位，無不打出「道地拉

手內，另一手握住已對折的一面麵頭，再上下抖動、左右抻拉變長。如此不斷對折、抻拉，每對折一次稱為一「扣」，麵條越抻越細，一般拉六至七扣即可，要求更細、專做盤絲餅用的「一窩絲」則需八扣；「龍鬚絲」則至少要九扣以上，考究的，甚至到達十三扣。
[4] 來自廣東的清人。

◎ 台灣常見的麻醬麵

麵」的招牌以資號召，藉廣招徠。

　　中國人吃拉麵是不拘型式的，可冰鎮成涼麵；可做成炸醬麵或麻醬麵，乾拌著吃；可做成炒麵，以蝦仁、三鮮等為主；能煮成湯麵，以牛肉、雞絲、什錦、海鮮等為主；亦能打鹵做成澆頭吃。懂得搞花樣的，還在其上加料，如炸排骨、炸雞腿、燜雞塊等，品類極多，食趣盎然。

　　比較起來，日本人雖承襲一些中國口味，但仍以煮為大宗。其法不外先將湯燒好置碗內，再將下好的麵條置於其中，接著把各式各樣的麵碼（如叉燒豬肉、筍乾、海帶嫩芽、紫菜、滷蛋、白煮蛋、玉米粒和綠豆芽等）鋪排其上。考究的，除湯頭外，尚注意擺飾，或以料繁取勝，或以素雅見長。誠已將中國的「鍋文化」及西方的「盤文化」融合為一，充分發揮日本人善於汲取並淬煉外來文化的特色。難怪造成風潮，襲捲東亞各地。

　　熬高湯絕對是日本拉麵好吃與否的關鍵。傳統的熬法源自山東，主要用豬大骨、雞等，以蔥、薑等去腥，或為調和其味，添些蔬果助味；日式的熬法則用柴魚、小魚乾、海帶及萊蔬等料。一般而言，前者醇厚鮮香，味雋而永；後者則微帶甘甜，味走清靈。至於何者對味，就得由消費者自

◎ 日式拉麵以高湯一決美味勝負

由心證啦！

再以味型來論，日本光是北海道的拉麵，就有鹽、醬油及味噌這三種味型，味道已然不同，顏色更是有別。如以地域區分，則有橫濱、喜多方、博多及札幌四種口味。其中，喜多方口味的原創人爲大正末年在當地開設「源來軒」的浙籍人士潘星欽，他曾是日本拉麵界的元老之一，一度是最高壽的拉麵業者，博得「喜多方拉麵之父」的美譽。此外，日本職棒全壘打紀錄保持人、曾爲巨人及大榮職棒隊監督的王貞治，他原籍浙江，其父王仕福亦是有名的拉麵館老闆兼主廚，可見除山東人外，浙江人在日本拉麵界亦占有一席之地。

黑色拉麵與辣味拉麵堪稱日本拉麵的異類，各有其支持者和愛好者。甚至有業者在研究後，發現溫度能提升拉麵的風味，其祕方爲「剛開始吃以攝氏七十八度最棒」，如客人能在六十度左右吃完，那就是它最可口的境界了。

不過，講求實行、實用、實功、抱「經邦弘化、康濟艱難」宗旨的朱舜水，是不屑這種小道的。他曾說：「昔有良工能於棘端刻沐猴，耳目口鼻宛然，毛髮咸具，此天下古今之巧匠也。」可是「工雖巧，無益於世用

也」！所以，「宋儒辨析毫釐，終不會做得一事」。至於享用美食之際，本就該有個好心情，才能盡得其樂趣，竟要趕著食畢，猛哂哩呼嚕的，吃得滿頭大汗，或許覺得過癮，畢竟落入下乘，這種實驗「結晶」，必為方家所棄。

一生以恢復為念的舜水先生，於日本寬文十年（公元一六七〇年）以檜木作壽器，製作周密，漆而藏之。曾對門人提及：「我既老死異邦，自誓非中國恢復不歸也。而或一旦老疾不起，則骸骨無所歸；制度不密，數年之後，必致腐敗。後來倘有逆虜敗亡之日，我子孫若有志氣者，或欲請之歸葬；而墓木未拱，棺槨朽敝，則非徒二、三子之羞，亦曰城之玷也。」誰知他這一等，竟將近兩個半世紀之久。

日本明治四十五年（即大正元年），適為中華民國元年（公元一九一二年），「推翻韃虜、恢復中華」之革命成功，舜水之遺願達成，此時距其東渡日本正好二百五十年。日本學術界為告慰舜水，特舉辦「朱舜水渡日二百五十週年紀念會」，主祭長為侯爵德川国順，並於其臨終所在建一石碑，碑面題「朱舜水終焉之地」，雖未能扶其柩以歸葬故土，但死後哀榮令人浩嘆。

而今，朱舜水帶去日本的拉麵，不僅在東瀛大行其道，且挾其旋風大舉登台，搞得沸沸揚揚，成為「超人氣料理」。這種奇特現象，應是他老先生當初始料未及的吧！

追思青天裹蒸粽

　　我自幼即醉心說部，除經常翻看的《水滸傳》、《三國演義》、《西遊記》等經典巨著外，像《儒林外史》、《二十年目睹之怪現狀》等，也是我一再流連其中的名作。在讀國三時，同學們無不忙著準備聯考，我則忘情於《七俠五義》，前後看了好幾遍，許多情節，至今未曾或忘。

　　這本書的內容，是清人石玉崑遠承元人雜劇和明人所作之《龍圖公案》改寫而成的，刊於光緒年間（公元一八七五年至一九〇八年）。初名《忠烈俠義傳》（即《三俠五義》），在經學大師俞樾（曲園）的讚揚並撰序稱：「如此平話小說，方算得天地間另一種筆墨」，且更其名為《七俠五義》後，遂大行於世。書中由包公引領的生動內容，現仍在國劇中占一席之地，其劇目著者，計有《狸貓換太子》、《鍘美案》、《打龍袍》、《斷太后》、《打鸞駕》等十數種，足見其影響之大之深，誠不容小覷。

　　包公名拯，字希仁，今安徽合肥人。他的別號很多，如「包待制」、「包龍圖」、「包黑子」、「包青天」等皆是。他一生的主要活動，幾乎都在宋仁宗時期。當時天下承平日久，因循守舊之風嚴重，包拯以他敏銳的辦案能力、剛毅的施政風格及敢於冒犯權貴的大膽態度，不啻給已頹靡的政治、社會，注入一股清流。從而在民間神化起來，成為千古清官的代表，

197

◎ 包公像

更是中國人家喻戶曉的超級巨星。

不過，比較有趣的爲，「雖貴，衣服、器用、飲食如布衣時」的他，竟因特殊際遇，能與名貴的端硯及美味的裹蒸粽牽連起來，這恐怕是他畢生從未想過的一樁「大」事哩！

▌判案如神，惡人俯首認罪

包拯的斷案如神，眾所周知。在知天長縣時，便已初試啼聲。有盜賊割去某人飼養牛的舌頭，牛主人到衙門投訴。包拯對他說：「你暫且回去吧！把牛殺了賣掉。」過沒好久，那人跑來舉發私宰牛。包拯便說：「爲何先割牛舌又跑來告狀？」此盜驚服其神，只有俯首認罪。

當包拯「權知開封府，遷右司郎中」時，因「立朝剛毅，貴戚宦官爲之歛手，聞者皆憚之」，以致「童稚婦女，亦知其名，呼曰：『包待制』[1]。

---

[1] 待制，官名。北宋前期在三館、秘閣中設學士、直學士、待制等，乃授予高階事務官的清高職銜，沒有職掌。包拯因曾授天章閣待制，故稱之。

又，因他難得一笑，所以人們比喻他「笑比黃河清」。嚴肅到此地步，果然深不可測，難怪權貴忌憚。

如按北宋舊制，凡訟訴不得直接到大堂前，須由「門牌司」收轉。包拯改變方式，打開正門，使告狀者能夠到跟前陳述是非曲直。屬吏因而不敢欺瞞，無法上下其手，於是京城開封便傳言：「關節（舊時稱暗中行賄、說人情為「通關節」）不到，只有閻羅王及包老。」給予極高肯定。

然而，明察如包拯者，也有著道兒之時。這檔子事，記載於沈括的《夢溪筆談》。原來他在擔任開封府尹時，有一編民（即今有設戶籍者）犯法，依律當杖脊[2]。一位長期當差的屬吏，摸透包公脾性，在收受賄賂後，就胸有成竹的對犯人說：「今見府尹，必付我責狀（撰寫裁定書），你只要大聲呼號自辯，我自然和你同分此罪，你挨打，我也挨打，至少減半。」

結果事情的發展，一如屬吏的預測。包拯在審完犯人後，便付吏責狀。犯人就按屬吏事先傳授的祕法，「分辯不已」。唱雙簧的屬吏，乃大聲喝斥，說：「但受脊杖出去，何用多言！」以此激怒包拯。

一生「惡吏苛刻」的包拯果然上當，認為這個屬吏「市權」（賣弄權勢），怎不怒火中燒？下令「捽（揪）吏於庭，杖之七十」。而且「特寬囚罪，止從杖坐」（特別寬宥罪犯，只判懲治從犯的杖刑，少打了不少板子），目的在「以抑吏勢」。不料屬吏這齣自導自演的苦肉計，竟使罪犯免受應得的懲罰，同時也賺進了銀兩，荷包滿滿。可見「天性峭嚴」的包拯，還是難防「小人為奸」。即使他本人「關節不到」，無奈「上面有政

---

2 受杖刑，以木棍打脊背。

策，下面有對策」，一樣無法明鏡高懸，勿枉勿縱。

包拯雖偶有失誤，但不礙其「明察」之名。尤其可貴的是，他「務敦厚，雖甚嫉惡，而未嘗不推以忠恕也」，這種涵養，幾人能夠？加上他「與人不苟合，不偽辭色悅人，平居無私書，故人、親黨皆絕之」的不亢不阿及不私的態度，更是皎若明月、清若冰雪，讓人讚嘆不置。

端硯險些失清風

一直對貪贓枉法深惡痛絕的他，曾說：「後世子孫仕宦，有犯贓者，不得放歸本家，死不得葬大塋（墓、葬地）中。不從吾志，非吾子吾孫也。」而他本人最具體的表現，則是在知端州時，對當地特產端硯的經手及處理上。

端州（今廣東省肇慶市）的硯臺，非同小可。早在唐、宋時期，即與魯硯、歙硯、洮硯並稱為全國四大名硯。其品種繁多，舉世知名的，就有青花、天青、蕉葉白、魚腦凍、豬肝凍、冰紋、火捺、金銀線、金星點、石眼等多種。而在這些著名的石品中，又以產於下岩和麻子坑的青花為第一。其妙處據《端溪硯坑記》的說法，為「似黑非黑，如紗如縠，如藻如波，映石視之，五色鮮潤」，故「細玩可愛」。

中唐詩人李賀的〈楊生青花紫石硯歌〉云：「端州石工巧如神，踏天磨刀割紫雲。傭刓抱水含滿唇，暗灑萇弘冷血痕，紗帷晝暖墨花春，輕漚漂沫松麝薰。乾膩薄重立腳勻，數寸光秋無日昏。」即以深入細膩的手法，將端硯的採製、石花、使用和情味等方面，作了極為傳神的描述，令人印象深刻。

端硯的產地，在端州東郊的羚羊峽東端南岸。清澈明淨的端溪，在此由南向北從硯村汩汩流出，經過一段蜿蜒曲折，最後注入西江。其間，星羅棋布的硯坑，多隱沒於溪邊峰巒高聳、重岩疊翠的斧柯山（又名爛柯山）上。開採時，硯岩「自江之湄登山行三、四里」即至。「先至者曰下岩（水岩），下岩之中有泉出焉，雖大旱未嘗涸。下岩之上曰中岩，中岩之上曰上岩。自上岩轉山背曰龍岩。」在下岩、中岩、上岩、龍岩這四岩中，龍岩位於九百公尺的山巔，須登高才能開採。而另一稱「水岩」的下岩，因其石特佳，即使開採時，「勞苦而艱難，至費力也」，照樣有人亟欲得手。

因此，包拯的前一任知州，不恤民力，樂得藉進貢的名義，索取數十倍於進貢數的硯台，用來巴結權貴。導致人民遭殃，實為擾民苛政。

一介不取的包拯，深知民瘼所在。在擔任知州後，先「命製者才足貢數」，不讓老百姓增加負擔，而且於一年任滿離去時，更「不持一硯歸」。來去清清白白，走得瀟瀟灑灑。

當地有個傳說，倒是很有意思。據說包拯卸任赴京離開端州時，因兩袖清風，未攜帶一硯，百姓在讚嘆之餘，深覺過意不去。就有人包了一塊上好端硯，偷偷送到船上，悄悄交給僕人。僕人那有膽收？怎奈來人意誠，一再拜託收下，只好暫且收著，待返抵京城後，再拿出來供主人使用。誰知船駛離羚羊峽口之際，天昏地暗，陣陣暴風雨襲來，滔滔巨浪掀天；船因位於江心，進退不得，危急萬分。

僕人望著從容鎮定的包拯，心裏不免嘀咕：「心想大人高風亮節，從未曾做過虧心事，今番這陣狂風暴雨，莫非因那端硯而起？壞了大人名節不說，倘老天爺發怒沉船，葬送了大人的性命，怎生了得？」忙將實情

201

跪稟包拯，包拯一聽，勃然大怒，喝道：「端硯乃端州百姓所有，豈能據為己有？」馬上叫僕人取來那硯台，對著江心一擲，大聲喊著：「當留端州！」霎那間，風停雨歇，江面平靜。後來，硯台所落之處，竟隆起一沙洲，這就是「墨硯砂」。

為了銘記包拯，高要縣城牌樓至今尚有一副對聯以誌此事。聯云：「星岩朗耀光山海；硯渚清風播古今。」

▍裹蒸粽感念青天風骨

相較於此一齊東野語，裹蒸粽的故事，就顯得真實可信的多，且在此記上一筆。

包拯離任之前。正值天寒臘月，端州百姓感念其德，亦知他絕不會收受重禮，便商議每戶人家用當地特產的冬竹葉（葉可長至七十公分，寬約二十五公分，乃宿根草本植物，入冬愈青，一名冬葉）製成個大味香的裹蒸粽給他送行，讓這位好官途中餓時可以充饑。誰知包拯依然不允，一一婉言謝絕，百姓無可奈何，只好攜粽回家，等到大年初一，拜過包拯再吃。從此沿襲成俗，現已成肇慶地區過春節必備的食品之一。由於供作祭「神」用，製作逐愈發精緻，成為一著名美食，可在茶樓飲茶時享用。

裹蒸乃製作粽子的方法之一，故粽子的異名，有稱為「裹蒸」者。像唐人劉恂的《嶺表錄異》即云：「南史大官進裹蒸，今之角黍（粽子）也。」然而，肇慶的裹蒸粽雖以大著稱，但它比起廣西南寧的大肉粽來，只能算是個小巫。

南寧這大肉粽到底怎麼個大法？據《清稗類鈔》上的說法：「廣西邊境，有鄰近越南之各土州，凡嫁女之家，必有大粽二送男家。粽之長可一丈，徑一尺，重百餘斤。製粽之法，先用竹片織一大笠，其長闊如上所述，四圍束芭蕉葉，然後以糯米實之，餡以雞、鴨、豬、羊等肉為之。包裹完固，即置炭火中，煨至數日，始熟。」顯然要吃完這只巨粽，得好幾人齊心協力才能竟其功。

此一南寧現今常食的大肉粽，至少重一公斤，它可能受到肇慶的影響，多選在冬日製做。屆時，各飲食店鋪即競相大量供應，生意興隆。而到了近春節期間，居民則家家戶戶自行包製食用，並充作節禮，饋贈諸親友，久已成習俗，故又有「年粽」之稱。

在製作大肉粽時，先把肥膘豬肉洗淨，切粗條，以醬料或醬油加白糖、五香粉等醃製待用。接著將大糯米揀去碎雜米粒，淘洗乾淨，用溫水浸泡，再撈出瀝乾水分並拌以適量食鹽。緊接著磨碎綠豆，以溫水泡浸，淘淨豆衣後，撈出瀝乾水分，另，和入少量食用鹼水或小蘇打，但不能加鹽，一加鹽則不易糜爛。

隨即再把多竹葉煮軟洗淨。於包紮前，先將多竹葉疊好攤開，鋪一層糯米，繼放綠豆沙，並開一道縱溝，擺進豬肉一條，再覆以豆沙、糯米。然後把攤開的多竹葉折攏，兩端折成對角。操作之際，應把粽背隆起，旋以麻繩捆紮，以不緊不鬆為宜。

在熬粽子前，先把水煮沸，再放進粽子，須全沒水中。熬到一半時，將粽子翻轉。鍋水不足時，可添些開水，切忌放冷水。約熬五小時，便熟透可食。

◎ 裹蒸粽味美清香，香氣層次誘人

　　由於大肉粽軟糯甘潤，膏腴不膩，別具清香，甚為可口。加上目前所需的食材僅糯米、綠豆、豬肉而已，簡單易備，價格低廉。因而廣受群眾喜愛，流行於廣西南部地區。

　　大肉粽大則大矣，但論起用料及製作精巧，就比裹蒸粽遜色多啦！唯截至目前為止，最精采的裹蒸粽，首推廣州「陶陶居大酒樓」的「九子連環」。

　　一九四〇年時，早已全面抗戰，廣州慘遭淪陷，正值百業蕭條。飲食業者無不苦撐待變，盼望度過難關。當時將屆端午，從未經營粽子生意的「陶陶居」老闆，在無計可施下，突然靈機一動，人心皆思愛國，屈原正是典型，粽子生意可為。乃挖空心思，設計以八小一大為主軸的大型粽子禮盒，號稱「九子連環」。

　　此一大粽乃裹蒸粽，內包干貝、冬菇、燒鴨、海蝦、豬肉、百合、蓮子、鹹蛋黃等餡料，厚實古樸，型式大方。另八小粽分別是鹹水、豆沙、鹹肉、燒鴨等品種。八小繞著一大，好像眾星拱月，果然設想新奇。西關富戶聽說，紛紛搶購送禮，居然大發利市，堪稱食壇趣聞。

　　我從小就喜歡吃粽子，裹蒸粽當然是絕不輕易放過的美味，已記不清吃下多少個了。目前覺得滋味最勝的，乃淡水金竹苑（已歇業）張師父特

地製作的裏蒸粽。他在包製時，內層為新鮮荷葉，外層才是乾製品，這比一般純用乾荷葉裏製的，勝在清香和潤、口感滑順。

此外，其餡料多而不雜、紛而不亂，且層次井然，搭配得宜。因此，在熬煮五個小時後，百味交融，馨香四逸，透而不糜，滋味絕美。熱食固然精采，冷吃亦具風味，好到出人意表。面對這一巨粽，只恨肚量太小，勉強塞下半個，便棄箸投降了。

而今我最常享用的南寧式大肉粽，乃位於新店市新烏路「老徐的店」、其老闆徐步航所親炙者，其重達斤餘，其餡甚單純，豬精肉不柴反嫩，綠豆沙馨細且甘，兩者融為一，滋味挺不凡，冷熱吃皆宜，各有其妙處。其個兒太大，凡食有未盡，可先行切片，或煎之，或炸之，或烤之，無一不佳。炎炎夏日，搭配著綠豆稀飯同享，糯美香甘，無以上之。

令人扼腕的是，老徐這手絕活，並不輕易施為，當他一時興起，偶爾充做外敬，絕對只送不賣。幸好我倆的交情夠，每逢年及過端午節時，他都會慨然相贈，或三十焉，或五十焉，還問我夠不夠，有古俠士之風。我的親友和女弟子們，亦因而受惠，其樂無窮無盡。

歐陽修在評論包拯時，曾說：「少有孝行，聞於鄉里；晚有直節，著在朝廷。」其實，他豈只著在朝廷而已？早就流傳民間，且留芳百世了。看來還是他自己講得透，所賦明志詩云：「清心為治本，直道是身謀。秀幹終成棟，精鋼不作鉤。倉充鼠雀喜，草盡狐兔愁。史冊有遺訓，無貽來者羞。」真個是心術光明正大，立身持正勁直，並以天下為己任的大丈夫了。

饅頭今古天蠶變

　　讀國一到高一這四年間，家住台中市林森路的司法新村。當時居仁國中的外操場邊，搭蓋一破舊違章建築，裡面住位老兵，靠賣饅頭度日。他是山東老鄉，所做出來的饅頭，個個又圓又大又白，咬起來很帶勁，泛出陣陣清香。其時，機器饅頭開始問世，狀呈長方形，潔白勝雪，入口即化，就是沒有咬勁。我個人對吃是很堅持的，即使大家一窩蜂地排隊買機器饅頭，我始終是那老人家的主顧。十年後，舊地重遊，景物全非，那饅頭自然再也吃不到了，心中唏噓不已。

　　就在那四年間，我迷上了說部，愛煞《水滸傳》及《三國演義》等經典名著。《三國演義》第九十一回開頭即寫著：「卻說孔明班師回國，……。前軍至瀘水，時值九月秋天，忽然陰雲布合，狂風驟起；兵不能渡，回報孔明。孔明遂問孟獲，獲曰：『此水原有猖神作禍，往來者必須祭之。』孔明曰：『用何物祭享？』獲曰：『舊時國中因猖神作禍，用七七四十九顆人頭并黑牛白羊祭之，自然風恬浪靜，更兼連年豐稔。』孔明曰：『吾今事已平定，安可妄殺一人？遂自到瀘水岸邊觀看，果見陰風大起，波濤洶湧，人馬皆驚。孔明甚疑，即尋土人問之。……土人曰：『須依舊例，殺四十九顆人頭為祭，則怨鬼自散也。』孔明曰：『本

為人死而成怨鬼，豈可又殺生人耶？吾自有主意。』喚行廚宰殺牛馬；和麵為劑，塑成人頭，內以牛羊等肉代之，名曰『饅頭』。當夜於瀘水岸上，設香案，鋪祭物，列燈四十九盞，揚幡招魂，將饅頭等物，陳設於地。……』看了這段敘述後，我便一直以為饅頭是因孔明一念之仁而發明的。其後又看了一些前人的記載，更是深信不疑。

▍饅頭的發明者是孔明？

比方說，最早的相關記載乃收錄在《晉書‧藝文志》裏的稗官小說，其內容為：「諸葛武侯之征孟獲，人曰：『蠻地多邪術，須禱于神，假陰兵以助之。然蠻俗必殺人以其首祭之，神則饗之為出兵也。』武侯不從，因雜用牛、羊、豕之肉，而包之以麵，象人頭以祀……後人由此為饅頭。」另宋人高承所撰的《事物紀原》亦記：「諸葛亮南征，將渡瀘水，土俗殺人首祭神，亮令以羊、豕代，取麵畫人頭祭之。饅頭名始此。」此二書在時間上，皆云出征之時，與《三國演義》所說的「班師回國」有異，其效果雖不同，但手法卻一樣，應為《三國演義》所本，經羅貫中生花妙筆改編後，劇情更有張力。

那麼饅頭又如何得名的呢？明人郎瑛的《七修類稿》記載著：「饅頭本名蠻頭，蠻地以人頭祭神，諸葛之征孟獲，命以麵包肉為人頭以祭，謂之『蠻頭』，今訛而為饅頭也。」所寫應符合實情，與真象相去不遠。

饅頭起先的用法是充當祭品。像晉人盧諶的〈祭法〉即云：「春祠用饅頭。」晉人束皙〈餅賦〉亦云：「三春之初，陰陽交至，于時宴享，則饅頭宜設。」由於三春之初，冬去春來，萬象更新，加上俗謂冬屬陰，夏

◎ 孔明像

屬陽，選在春初陰陽交會之際，祭以饅頭，目的在禱祝一年之風調雨順。故其「始列於祭祀之品」的象徵意義即在此。只是當時的饅頭全是帶肉餡的，而且個頭不小，望之非常可觀。

　　諸葛亮無疑是夾餡饅頭的創始人，那麼無餡饅頭又始於何時呢？據考證，中國上古時期尚無磨盤，只有杵臼，麥麩產量因而甚微，食者想必不會太多。直到戰國時期才有磑[1]，麥麩從此進入量產，像湖北雲夢睡虎地出土的秦墓竹簡，裡面就有以「麥十斗，為麫[2]三斗」的小麥加工製成麵粉之記載。等到秦漢之時，由於磨的普及，麵食開始盛行，習慣上稱為「餅」。故《集韵》云：「饅頭，餅也。」

　　此外，中國認識和利用酵麵製作蒸食的歷史甚早，《周禮‧天官‧醯人》就載有「酏食糝食」。其中的酏食即是醱酵餅。另西漢淮南王《食經》及東漢崔實均記有用酒釀或酒做醱酵製麵糰的方法。由此亦可佐證，饅頭之製作，當早於三國時期。唐人趙璘在《因話錄》的說法頗「妙」，指

1　即磨，《說文解字》認為是春秋魯人公輸班所發明，不過，近世考古學家僅在洛陽及咸陽兩處發現戰國時期的石磨。
2　《說文解字》云：「（麥商），麥核屑也。」此乃小麥加工時的麥麩副產品。

出：「饅頭本是蜀饌，世傳以爲諸葛征南時，以肉麵像人頭而爲之。流傳作『饅』字，不知當時音義如何？適與欺瞞同音。孔明與馬謖謀征南，有攻心戰之說。至伐孟獲，熟視營障，七擒而七縱之，豈於事物間有欺瞞之舉？特世俗釋之如此耳。」他老兄認爲饅頭本來就是蜀國已有的食品，之所以叫饅頭，本義是以此欺瞞敵人。其想像力極爲豐富，堪稱別出心裁，只是轉得很硬，令人難以置信。

另，《名義考》記載著：「以麵蒸而食者，曰『蒸餅』，又曰『籠餅』，即今饅頭。」饅頭亦名炊餅。如《正字通》云：「餢飳，起麵也，醱酵使麵輕高浮起，炊之爲餅。賈公彥以酏食爲起膠餅，膠即酵也。涪翁說，起膠餅即今之炊餅也。」可見蒸餅、籠餅及炊餅三者，都是饅頭常用的別名，至於起膠餅這名目，知道的人就不多了。

唐宋時期，饅頭的名堂更多，使人目不暇給。像唐人徐堅《初學記》把饅頭寫成曼頭，這應是省筆之舉，不足爲奇。而稱其爲「飣」，就匪夷所思了。如《玉海》云：「唐少府監御饌，用九盤裝疊，名『九飣食』。」意即御膳房把饅頭用九大盤裝盛，堆高如疊，叫九飣食。又云：「今俗燕會，粘果列席前，曰『看席飣坐』。古稱『飣坐』，謂飣而不食者。按《唐書·李遠傳》云：『人目爲飣會梨。』今以文詞因襲，累積爲餖飣。」也就是說，「飣」字其實從「釘」字來，餖即是飣（見《集韵》），餖飣兩字連用，即指供客觀賞的看席。像韓愈有詩云：「或如臨食案，肴核紛飣餖。」便可想見當時的饅頭一稱果（即點心），主要充作觀賞用的看席，實爲席罷再食的一種點心。又其個頭不能太大，否則，一吃就飽了；同時，花樣也變多，竟有灌漿（實今小籠湯包之原創）者，故《匯苑詳注》指出：「玉柱（指形小）、灌湯，皆饅頭之別稱也。」

饅頭與包子為同根生？

到了宋代，包子正式與饅頭並列，製作更爲廣泛，並有專門製售饅頭（包子）的食肆。例如宋人筆記《夢梁錄》和《武林舊事》中，均不乏饅頭與包子並存的例子。此一饅頭與包子混叫的事實，依我推想：當是爲區別其品類及形式所致。不過，亦不盡然如此。像宋人王栐《燕翼詒謀錄》云：「仁宗誕日，賜群臣包子。」包子下的註爲：「即饅頭別名。」書中又云：「今俗屑麵酵，或有餡，或無餡，蒸食之者，都謂之饅頭。」直讓人滿頭霧水，搞不清楚在說啥。

而宋代最有名的饅頭，首推神宗朝的太學饅頭。原來宋神宗於元豐初年某日親自去視察最高學府太學，此時正逢全體師生吃饅頭，貴爲天子的他，也跟著一起用餐，在品嘗之後，神宗滿意地說：「以此養士，可無愧矣！

此饅頭既邀聖眷，太學生們無不攜此饋贈親友，希望他們同沐聖恩。太學饅頭之名，因而傳遍遠近、舉國知名。宋祚南移後，太學饅頭依然名號甚響，食者莫不引以爲榮。如岳飛的孫子岳珂，有次參加宮廷宴會返家後，食味津津，仍難忘懷，乃賦〈饅頭詩〉一首，詩云：「幾年太學飽諸儒，薄枝猶傳尹蕨廚。公子彭作紅縷肉，將軍鐵杖白蓮膚。芳馨正可資椒實，粗澤何妨比瓠壺。老去牙齒辜大嚼，流涎才合慰饞奴。」其興奮慰藉之情，流露字裏行間，可謂推崇備至。

現從詩內對太學饅頭的用料、製作及食味等觀之，它實爲筍絲、蕨段拌入花椒麵等調料而成的肉包子。成品色雪白、質軟嫩、味鹹鮮，即使齒衰之人，也能放心大嚼。

◎ 元代製作饅頭的技藝更上層樓，花樣多變

　　元代製作饅頭的技藝更上層樓。無名氏作的《居家必用事類全集》中，記有多種饅頭並附用處，云：「平坐小饅頭（生餡）、撚尖饅頭（生餡）、臥饅頭（生餡，春節供）、捻花饅頭（熟餡）、壽帶龜（熟餡、壽筵供[3]）、龜蓮饅頭（熟餡、壽筵供）、春䋲（熟餡、春前供）、荷花饅頭（熟餡、夏供）、葵花饅頭（喜筵、夏供）、毬漏饅頭（臥饅頭口用脫子印）」；忽思慧著的《飲膳正要》中，也介紹了四款饅頭，分別是倉饅頭、麂奶肪饅頭、茄子饅頭、剪花饅頭，觀其用料及製法，與今日之包子無殊。另倪瓚《雲林堂飲食制度集》亦記有「糖饅頭」和「黃雀饅頭」等。饅頭的型式發展至此，應已大致具備。

　　時至清代，饅頭的稱謂大致底定。北方人謂無餡者為饅頭，有餡者為包子，但南方人則稱有餡者為饅頭，無餡者竟有名大包子的。《清稗類鈔》一書中，關於饅頭的記述頗多，如「饅頭，一曰饅首，屑麵醱酵，蒸熟隆起成圓形者。無餡，食時必以肴佐之」；「南方之所謂饅頭者，亦屑麵醱酵蒸熟，隆起如圓形，然實為包子。包子者，宋已有之。……蓋其中亦

---

[3] 應為今壽桃之鼻祖。

有餡，爲各種肉，爲菜，爲果，味亦鹹甜各異，惟以之爲點心，不視爲常餐之飯。」

又，清代饅頭有名者，有「糟饅頭」、「無皮饅頭」、「千層饅頭」、「小饅頭」、「印糕饅頭」等。其中，又以揚州小饅頭和千層饅頭兩者，爲世所稱。小饅頭源自南唐的「字母饅頭」，《調鼎集》謂：「作饅頭如胡桃大，籠蒸熟用之，每箸可夾一雙，亦揚州物也。揚州醱酵最佳，手捺之不盈半寸，放鬆乃高如杯碗。」今諸葛亮故居湖北襄陽古隆中仿之，所製成之「麻將饅頭」，質優形美，風味別致，乃其流亞也。千層饅頭應是現今台灣雲南餐館特製「破酥包子」的濫觴。袁枚認爲楊參戎家製做的最佳，「其白如雪，揭之有如千層，金陵人不能也。其法揚州得半，常州、無錫亦得其半」。

直到今天，饅頭的稱謂仍很混亂。如北方之無餡者，有稱作「饃」、「卷子」，也有叫成「包子」的。南方之有餡者，亦有名之爲「麵兜子」、「湯包」的。物同名異，莫此爲甚。茲舉在台廣爲流行的三種玩意兒，即小籠包、水煎包及叉燒包，聊述其生平，以明其身世。

而今上海最有名的兩款饅頭，一爲「南翔小籠饅頭」，另一爲「生煎饅頭」。前者乃小籠包子，以清水和麵，包捏折褶條紋清晰，皮薄餡多鹵足，體型小巧著稱。原來南翔是上海嘉定縣的一個鎮名，小籠饅頭爲該鎮的傳統名點。二十世紀初，該鎮吳姓人氏在上海城隍廟九曲橋畔，開設一家牌號爲「長興樓」的點心鋪，專門供應「翔式」饅頭，生意興隆，門庭若市。各麵點鋪見狀，無不競相仿製，小籠饅頭遂遍及全市。但經食家品評後，一致認爲長興樓所製最佳，乃簡稱長興樓爲「南翔饅頭店」，成品則稱「南翔小籠饅頭」。

◎ 鼎泰豐日日人聲鼎沸，吸引許多觀光客到訪

　　品嚐此佳物，宜現做現吃，連籠上桌。吃時如伴以香醋、薑絲，滋味更棒。尤其重要的是，須先咬個小洞吮吸鹵汁，免得燙傷舌尖，或者濺滿衣襟，搞得狼狽不堪。

　　台灣早年以「三六九上海點心」製做的小籠包最佳，有些南翔的風韻。其後「鼎泰豐」及「上海極品軒餐廳」繼之而起，見重食林。鼎泰豐自量產後，味道已差，價錢仍貴，居然天天客滿，真是莫名其妙。可見湊熱鬧者多，懂品味的人少。而上海極品軒餐廳的小籠包，其鹵汁得力於雞腳凍，清鮮不膩，馨香雋永，味道實勝一籌，值得一再玩味。

　　後者即生煎包子，台灣南北，處處可見。它是用半醱酵麵包餡，排放平底鍋內，以油煎之，噴水若干次即熟。生煎饅頭原為茶樓、老虎灶（開水店）兼營的食品。餡心以鮮豬肉加皮凍為主。二十世紀三〇年代以後，上海飲食業才有生煎饅頭的專賣店，其餡心的花色也增加了，有雞肉、蝦仁等多種口味。其特色為底部金黃、硬香帶脆，饅身乳白，軟滑而鬆，肉

餡鮮嫩，微帶鹵汁。張口咬時，一加咀嚼，即有芝麻混和蔥花的香味。最好趁熱快吃，滋味特別顯著。

又燒包在二十世紀四〇年代時，是廣州茶樓四季必備的點心之一，當時的包皮並不「爆口」，後學山東的開花饅頭，以包面笑口而不露餡，餡心香滑且有鹵汁為合格。這開花饅頭又稱「開花饃」，不但是山東小吃，也是「天下第一家」孔府的點心。其特點為頂部製成數瓣，狀似花朵。由於形狀美觀，加上口味香甜，普受世人歡迎。既為節日食品，又是宴席點心。台灣在過年時所吃的發糕，其形態即仿此。

▌饅頭在東瀛的新面貌

饅頭自發明後，不僅大行於中土，也曾揚威於東瀛。現為「和果子」之一，以耐饑聞名。而其能夠傳入日本，實為高僧人元禪師龍山德見的創舉。

相傳龍山德見在浙江求法之時，結識一俗家弟子林淨因。林氏後隨龍山德見東渡，先後在博多、奈良以製作饅頭營生，人稱「奈良饅頭」，他為獨創品牌，特地在豆沙餡的饅頭上，打一個粉紅色的「林」字印記。後來他改姓鹽賴，其子孫遷往京都，多半靠此為生。正因為如此，林淨因遂成京都島丸鹽賴氏的共同祖先。另明末清初時，中國黃檗宗名僧隱元東赴日本，他帶去了福建式的饅頭製法，此即日本迄今尚存的「隱元饅頭」。由此觀之，日本的饅頭源自浙、閩，其能在東土廣為流傳，全與道行高深的和尚有關。

◎ 日式和果子，其中一種
漢字為書寫為「饅頭」

　　我愛吃麵食，饅頭自不例外。從小即喜食白饅頭內夾焢肉、梅乾扣肉及牛腱的滋味。最近吃了幾次白饅頭內夾炸響鈴、蜜汁火腿、烤方，味道相當正點，勝過昔日所吃，權且野人獻曝，是否依式而為，諸君自行決定。

　　此外，吃剩的白饅頭切片加糖煎透，外香脆而甘甜，內柔韌且耐嚼，實為剩餘物質再利用的妙物，應算得上是另類的「麻雀變鳳凰」吧！

海禁奇味臭豆腐

　　老北京常說臭豆腐是地道的京都風味，每次所舉證的例子，不外是清康熙八年（公元一六六九年）時，安徽仙源縣舉子王致和赴京趕考落第，不夠盤纏返家。王家原賣的豆腐，他本人亦能製作，於是以此營生。一日，遇到豆腐滯銷，又捨不得扔掉，便灑了一些鹽，放在缸裏待用。過了一段時間，豆腐發霉長毛，取出一塊略嚐，竟然別有風味。試著出售，很受歡迎，乃大量上市。而今，王致和這三個字，便和臭豆腐連在一起了。

　　此種說法，不堪一駁。因為早在明代時，李日華的《蓬櫳夜話》即指出：「安徽黟縣人喜歡在夏、秋之際用醃使豆腐變色生毛，再把它擦洗乾淨，投入沸油中煎炸，隨即撈出和其他食物同煮，據說頗有『海中鱷魚』之味。」

▍朱元璋是臭豆腐的創始者

　　有一說還更早，指出其發明（或發現）人為明太祖朱元璋。據稱他有一回在餓乏之際，無意中，發現此一長毛豆腐，才不管是否有後遺症，煎以裹腹，食之而美，久久難忘。後來起義反元，揮師攻徽州前，特命伙夫

◎ 朱元璋像

製作，以此犒賞三軍。從此之後，油煎毛豆腐便在徽州、屯溪、休寧等地流傳，至今不衰。

朱元璋當上皇帝後，有個政策就如同煎毛豆腐般，時機不見得對（於困乏無意間），醞釀了一段時間，不得不嘗試改變，結果大放異采而功不及己。此與臭豆腐發明人之名，冠於王致和之上沒有兩樣，實在很有意思。這一政策到底為何？說穿了，就是洪武年間（公元一三六八至一三九八年）的「寸板不許下海」。

話說中國與屬邦的海上往來，其通商自三國始，到南宋已具相當規模，至元代而大盛。當時，往來的集散地共有廣州、泉州和明州（今寧波）三處，均設置市舶司，並有官吏負責管理舟楫往來和通商等相關事務。船貨一運到港，市舶司只對船隻加以監督，俟查清貨值後，抽取一定稅金，遂任其出售所攜的貨物，至於船上諸人的起居，概不過問。來船若運貨出港，也只按貨抽稅，納畢便予放行。此一出一入所應抽的稅金，稱之為「報官抽分」。因其貿易量特大，故稅金額非常可觀，向為元代國庫

的一大收入。

　　既有厚利可圖，朱元璋在建號稱帝前（當時稱吳王），即沿襲此一制度，於吳元年（公元一三六四年）在太倉州的黃渡鎮設置市舶司，經管華夷貿遷等各項業務，號稱是「通華夷之情，遷有無之貨」，坐抽巨金，以充軍費。

　　等到朱元璋統一全國，太倉州加上元代的那三處，共計四個市舶司。這時海外諸國前來通商及朝貢甚為方便，吞吐量比元朝還來得大，臻於極盛。

　　然而，自海運暢開後，有件事一直讓朱元璋狐疑，進而使他備感威脅。原來時聞海盜勾結倭寇，一起劫持商船，且羽毛已豐，實力漸大，一時難以控制。尤讓他擔心的是，根據情報顯示，他們會和方國珍盤踞東南各島的殘部合流，一旦聯手成功，事情將更棘手。

　　方國珍為元末割據的群雄之一，起兵前以販鹽、走私為業，往來於舟山群島間，所部善於操舟浮海者多。方國珍被明將湯和擊降後，不願歸降的餘部，相率駕舟出海，流散到西洋（今南洋）一帶。他們船械俱足，經常在海上劫掠客商，或誘脅漁民、船戶與他們合夥走私，實力日益壯大，成為海上的新興勢力。

　　此際朱元璋剛統一天下，百廢待興，無暇計此，唯深引為憂。雖然海上通商財源滾滾，好處多多，但為免奸人混入都城，窺伺神器，乃於洪武三年（公元一三七○年）傳旨，裁撤距南京不遠的太倉州黃龍鎮市舶司。後來，他又覺得廣州、泉州及明州三處所設的市舶司也很危險，遂更進一步，在洪武七年（公元一三七四年）傳諭市舶司全撤。

朱元璋之所以如此。講得白一點，就是爲了徹底禁絕人民出海，以免和倭寇或方國珍的餘部勾結，產生一些無謂的事端，引發出不必要的麻煩。

此外，朱元璋的心態有進一步探究的必要。他起初重視海上交通並增設太倉州黃龍鎮的市舶司，著眼點在招徠朝貢，由官方居間獨攬，盡享從海上運來的番香、番貨以及珠寶等物的專利而已，實非替海上貿易提供方便之途徑。針對商人出海貿易，他自始即存戒心，認爲愈少愈好。而最初設市舶司，原就擺明藉由市舶司的嚴加管理盤查，將造成商人的不便，進而無利可圖，遂自動放棄出海交易的念頭，此舉一石二鳥，可謂萬無一失。

殊不知管得愈緊、盤查愈嚴，商人就更會設法規避，盡力抵制。結果眞的適得其反，許多不肖商人乃進一步和官員或地方惡勢力勾結起來，以致管理的方法雖然不斷加嚴，但實際上的效果卻愈來愈差。原本想使民間對於番貨等插不上手，而由官家獨占其利的。不想弄到後來，官家所獲無幾，市面上的番貨反而堆積如山，隨處有售。這與他最初想法不但愈行愈遠，甚至背道而馳。

最後，朱元璋按捺不住了，終於使出殺手鐧，傳旨盡罷市舶司，且嚴諭：「寸板不許下海！」他認爲只要這樣徹底嚴禁，走私之弊自易根絕，因爲寸板都不許出海，查禁起來豈不容易得多。況且，縱然有人想與倭寇或者那幫子海盜勾結，卻因接濟不上，當然無計可施。更妙的是，所禁的只有國內的人，諸國的朝貢仍可自由往來。這樣一來，利源仍由朝廷獨享，投機奸商根本無法分杯羹了。

朱元璋這算盤打得極精，無奈「上面有政策，下面有對策」，而且「道高一尺，魔高一丈」。是以他的禁令雖嚴，收效卻仍甚微。海外各種易銷的貨物，如香料、珠寶、蘇木等類，還是滿坑滿谷，充斥市面，反倒是其朝貢之利毫無起色，始終不振。

洪武十三年（公元一三八〇年），宰相胡惟庸謀反被殺，株連甚廣。此事發生後，朱元璋深恐有「餘孽」乘機勾結倭寇為亂。對海禁的執行更形嚴格。凡外來的船舶也不像昔日那麼漫無限制，盤查得十分嚴密。恰好就在此時，起先陸續流亡海外的走私人等，已結成一夥，在籍隸廣東南海的梁明道率領下，占據了位居往來西洋的要津三佛齊（即蘇門答臘島上的舊港），專做走私勾當，偶亦掠奪商船，行逕有如海盜，海域擾攘不安。

而他們為了方便走私，亦不斷派人潛入國內，打探各種訊息。由於盤查日趨緊密，三佛齊來的探子們，有不少人被逮，並以間諜論處。於是「三佛齊乃生間諜」之說甚囂塵上，對從那裏來的人查得極嚴，戒備上也更周密。梁明道為了報復，即利用有利的地理條件，卡住了東西往來的通道，阨阻了西洋諸國載運朝貢貨品的船舶，東西交通幾至斷絕。關於此事，《明史》上亦有記載，云：「由是商船阻遏，諸國之貢不通。惟安南、占城、真臘、暹邏、大琉球朝貢如故。」

朝貢之路一斷，使那些久為中土所習用的貨物，如香料、胡椒、蘇木等，在市面上日見短缺，價格自然逐日攀升，即使禁令如故，還是無法讓走私徹底禁絕。這道理很簡單，在貨缺價俏下，走私者雖在途中歷盡艱辛，但只要一偷運成功，即可獲得厚利，值得冒險一試。遂使那些牟利的亡命之徒，總要千方百計以求偷運成功，藉以致富。相形之下，朝廷所欲獨享的朝貢之利便愈顯微薄了。

針對這種情況，朱元璋乃於洪武二十八（公元一三九五年）年採取更強硬的措施，明令禁止民間使用番貨，違者須受處罰。《太祖實錄》敘之甚詳，指出：「凡番香、番貨，皆不許販，其現有者，限以三月銷盡。民間禱祀，止用松、柏、楓、桃諸香，違者罰之。其兩廣所產香木，聽土人自用，亦不許越嶺[1]販賣，慮其代番香，故並及之」。

　　這道措施縱已嚴厲至極，還是無法禁絕走私。原因是：三佛齊以西諸國的朝貢之路雖絕，而在它以東的占城、眞臘等屬邦的番貨中，番香仍爲數可觀。這些貨物照樣流入市間，而走私的各種貨物，正可藉此混充或掩護，反而在市面上大量流通，猛撈一票。

　　由於這種「寸板不許下海」及嚴禁民間使用番香、番貨的做法，收效極微；執行甚難，困擾卻大。後來朱元璋萌生改絃更張的念頭。因此，洪武三十年禮部奏聞「諸番缺貨已久，應予設法」一事時，他就借題發揮，改變了行之多年的若干禁運措施，甚至還想遣使赴爪哇等處，設法打開局面。同時，這使臣應率有強大軍隊，以武力作後盾，一方面出使西洋諸國，宣揚上邦德意；一方面又以武力掃除一切阻礙，使航路重新暢通，增加西洋諸國的朝貢之利。

　　不過，朱元璋的這個構想未及付諸實施，他本人即於次年（公元一九三八年）閏五月因病駕崩。皇孫朱允炆繼位（史稱惠帝）後，因「削藩」引發「靖難」之變，干戈不息。其後，燕王朱棣攻下南京，惠帝失蹤，才告結束。成祖登基以來，爲了尋覓惠帝下落等因素，先後派遣鄭和率龐大艦隊下西洋，既完成父親的遺志，又使國力達到顚峰。

---

[1] 指五嶺。

就明太祖朱元璋「寸板不許下海」的政策來看，他雖注重了興利與除弊，總想兩全其美，獨占官家利源。結果卻事與願違，鬧了個土頭灰臉。究其實，就出在他的眼光放得不夠深遠，只想貪圖眼前的利益，而在事與願違後，不但未能找出問題癥結所在，居然再三嚴厲禁止，真有點倒果為因、倒行逆施了。難怪他未蒙其利，反受其害。後來雖想到調整大方向，但時不我與，齎志已歿。所幸兒子是個英主，能將其理念發揚光大。

▌臭豆腐乳精練臭豆腐的美味

朱元璋對中國飲食史上重大的貢獻，莫過於臭豆腐，現台灣江浙館所子蒸製的，多充作外敬；而那油炸的，則見於小吃攤，已成為台灣百姓的日常吃食。然而，臭豆腐另一支派的臭豆腐乳，卻在北京發揚光大，其最為人所稱道的，乃王致和的「青方」。

其製法為：把含水量較少的豆腐，切成長、寬各一寸，厚三分的方塊。將豆腐塊分層排列，入屜醱酵。恆溫在攝氏二十度時，需經五天左右，方能悉數長出白中帶綠的菌體。這時取出，盡去菌體，裝在罐內，一層豆腐撒一層鹽。過七天倒灌，改為放一層豆腐，撒一層五香料，接著灌入豆腐漿，把罐封嚴。兩個月後取出，即是成品。

王致和臭豆腐之所以好吃，首在選料講究。往昔該號所用的黃豆，均精選自北京郊區的伏豆。而用來磨豆腐的水則汲自甜水井。其次乃製作技術精細。須經過泡豆、磨漿、濾漿、點鹵、前醱酵、醃製、後醱酵等工序。而醃製這道手序，尤為關鍵所在。因撒鹽和佐料的劑量，必直接影響其質量及風味。且鹽多了，豆腐不臭；鹽少了，則過臭。這情形就如同朱

◎ 臭豆腐愈臭愈香醇，是道有趣小吃

元璋的海禁政策，緊鬆之間的拿捏，常考驗當事者的智慧。

至於王致和的臭豆腐何以又臭又香呢？此乃是微生物之功。由於豆腐塊上的霉菌能產生蛋白脢，進而分解蛋白質，形成種種豐富的氨基酸，吃起來格外鮮美。而其「臭」味，主要是來自蛋白質在分解過程中所產生的硫化氫。又，臭豆腐因經過微生物醱酵，其中的營養成分，自然極易被人體消化和吸收。引申而言，醱酵的溫度和時間，即是政策時機的掌握，半因天命，半由人力。而且「天予不取，其必有殃」。

食用此臭豆腐時，有人喜歡澆淋花椒油或香油，藉以增添風味；有人則偏好同紅辣椒一起油炸，激發出其香氣。已故的散文大家汪曾祺的吃法亦妙，他說：「臭豆腐就貼餅子，熬一鍋蝦米皮白菜湯，好飯！」只是對於店家過去的包裝，他可很有意見。指出：「王致和的臭豆腐用很大的玻璃方瓶裝，很不方便，一瓶一百塊，得很長時間才能吃完，而且賣得很貴，成了奢侈品。我很希望這種包裝能改進，一器裝五塊足矣。」

目前台灣最有口碑的臭豆腐乳，應是老字號「名揚坤昌行」的。獨沽一味，臭冠食壇，已臻瓶啓四鄰「香」，無不掩鼻走的最高境界。質地非

◎ 名揚坤昌行的臭豆腐乳

常細膩，入口柔糯立化。用來搭配稀飯、泡飯、粥品固然極妙，以此抹土司、饅頭更是精采。我甚愛名廚張北和的「鮑魚之肆」，他做這道菜時，先將澳洲空運來台色呈琥珀、碩大如掌的急凍鮮鮑煮到軟Q適口後，以原殼托出，旁置新鮮菜蔬。接著將「坤昌行」臭豆腐，用果汁機打成泥狀待用。而在享用之時，把筷子插入鮑魚正中，沾腐乳汁享用。由邊及心，從彈牙到軟滑。臭氣播室內，細嚼餘甘出，得嚐此至味，人生復何憾！

傳承家風大耐糕

人在面臨名利權位之時，很少有不動心的。能自我克制而不露喜色者，已不多見；竟能泰然自若、若無其事，那就更不得了。修養到此地步，就連皇帝老兒也不得不佩服了。

耐字，有忍受、禁得住之義。想要臻此境界，除了常省察外，還須心思縝密、能任繁劇。唯有如此，才能不怨不尤，不計毀譽得失。當然，這種功夫得自先天者少，靠的多半是後天的修爲。在宋眞宗時，前後有兩位宰相都具有這等功力，前者是有「聖相」之譽的李沆[1]，後者則是向敏中[2]。

▌享有聖相之譽的李沆

李沆眞是個了不起的人物。《宋史》稱其「少好學，器度宏遠」，他父親頗有眼光，曾對人說：「此兒異日，必至公輔。」宋眞宗即位後，契丹犯邊，京師震動，御駕親征，命沆留守。由於調度有方，使得「京師肅然」。訂盟澶淵之後，李沆迎於郊外。眞宗「慰勞久之」，享「命坐置酒」

1 見宋人張淏的《雲谷雜記》。
2 見《宋稗類鈔》及《宋史》本傳。

的禮遇，一再加官至門下侍郎，尚書右僕射。

眞宗曾問李沆「治道所宜先」。他對以：「不用浮薄新進喜事之人，此最爲先。」此言即使放眼今日，亦覺其歷久而彌新，足爲執政者引以爲戒。

宋朝初年，一般官員常密奏皇上，惟獨李沆沒有。眞宗感到奇怪，問他什麼緣故？李沆答道：「臣待罪宰相，公事則公言之，何用密啓（即函）？夫人臣有密啓者，非讒即佞，臣常惡之，豈可效尤？」他這種光明正大的態度及公事公辦的作風，非常人可及，難怪被稱爲「聖人」。

李沆個性正直寬恕，《宋史》盛稱其德，指出：「內行脩謹，言無枝葉。識大體，居官愼密，不求聲譽。動遵條制，人莫能干以私」，而且在退朝後，「終日危坐，未嘗跛倚（正襟危坐，絕不斜靠）」。此外，他的口風很緊，非但與兄弟友愛，且對弟弟李維特別器重。即便如此，兩人吃飯喝酒，所談論的範圍，從未及於朝政，也未問起家事。是以他過世後，眞宗忍不住發出：「沆爲大臣，忠良純厚，始終如一」的浩嘆。

由以下這件事兒，即可看出李沆的忍耐工夫確實一流。他擔任宰相時，雖「所居陋巷，廳事無重門，頹垣敗壁」，但他全不以意。有一次，堂前的藥欄壞了，夫人想試他的耐性，特意告訴管家不修。整整過了一個月，李沆始終不發一言。夫人忍不住告訴他原委。李沆則笑著對李維說：「內人以爲此乃世界缺陷，世上那有圓滿如意的事呢？人生朝不保夕，豈可爲這種小事掛懷？」他秉持的精神，不正是《禮記・禮運》所記載的：「聖人耐以天下爲一家。」的體現嗎？

然而，張淏以大耐官爲李沆的說法，著名食書《山家清供》的作者林洪卻不怎麼認同，在撰〈大耐糕〉乙節時，即表示他的看法，說出「或恐未然」的話來。

▍向敏中大耐官職

向敏中曾兩度拜相，第二次且死於其位。他最大特色是「暢曉民政，善處繁劇，廉潔奉公」，而在辦案時，更是講求證據，一點也不馬虎。他這種務實的態度，每使案件峰迴路轉，進而真相大白。司馬光在《涑水記聞》裡，便記載一則讓人嘖嘖稱奇的案件，很有意思。

原來他在西京洛陽當官時，發生一件竊盜殺人案。當時，有名僧人錯過旅舍，夜裡只得到一村民家，要求寄宿。主人不答應，僧人退而求其次，才准他睡在門口的車箱內。半夜有一盜入主人家，從牆內挾持一女人和一袋衣物出門。僧人正好沒睡，看得一清二楚。他念及自己不爲主人所納而強求宿，又碰上主人失其女人及財物，明日必執我去縣衙門問罪，我將百口莫辯，與其如此，不如逃亡。他又怕走舊路被人發現，乃走荒涼小徑，不料一個閃失，竟然墜枯井中。

真是無巧不成書，這井內另有一具女屍，正是那個人家的女人。第二天，那戶人家的主人，在井中找到該僧及女屍，於是執往縣衙。經一陣刑求後，僧人只得招認，並且捏造事實，藉以自圓其說。供稱：「我與婦人通姦，然後拐她逃跑，怕被別人逮到，便殺之投井中，因爲天色太暗，不覺失足，亦掉井內。贓物則失落井外，不知被何人拿去。」

案子成立之後，轉往府內定讞。府衙門官員都不疑有他，只有向敏中因未獲贓物而起疑。前後提訊四次，僧人都認罪說：「我前生得罪此人（指殺人者），現在因他而死，也沒啥可講的。」但敏中堅持審理，僧人才從實回答。

為了查明真相，便派捕快查訪。捕快在村裡一家飯店用餐，老闆娘聽他說從府中來，便問說：「那和尚殺人案，現進行如何了？」捕快警覺性高，騙她道：「昨天已鞭刑處死了。」老闆娘嘆息說：「而今就算逮到真凶，又該怎麼辦呢？」捕快反應夠快，接著就說：「府已誤判此案，即使緝獲真凶，為了掩人耳目，也不敢審理了。」老闆娘於是說：「那麼講出來，也不要緊了，其實那婦人是被村中某一少年殺的。」捕快馬上追問：「這人現還在嗎？」老闆娘指明此人住處，捕快前往緝拿，人贓俱獲。經過一番審問，那人全部招認。此案因向敏中的耐心而獲平反，簡直不可思議，「一府咸以為神」。

向敏中固然夠精，宋真宗也非等閒。當他第一次為相時，曾典[3]前宰相薛居正的舊宅居住。薛居正的媳婦柴氏上書給皇帝，聲稱典宅虧價，且言敏中欲娶己為妻，但自己不允許，不無拉抬身價之意。真宗直接問敏中，敏中奏稱：「臣自喪妻以來，未嘗謀及再娶。」隔了一陣子，皇帝知道他欲娶王承衍之妹，便責其不實，命罷相歸班。理由是：「始營故相之第，終興嫠婦（寡婦）之辭。對朕食言，為其自昧」，以致「朕選用不明，縉紳興誚（指責）」。由於指摘嚴厲，當時的士大夫皆認為向敏中注定向下沉淪，終其一生，恐將不再受皇帝的重用了。

---

[3] 中國特有的交易制度。典權人將雙方約定之典價交予出典人後，出典人未於設定期限內返還典價，典權人即取得該典物之所有權。

在那時候，罷相擔任地方首長的，都不把吏治當回事。只有向敏中勤政愛民，所至有聲。眞宗頗受感動，曾說：「大臣出臨方面，唯向敏中盡心於民事。」於是善觀風向球的，都嗅得出皇帝有復用向敏中的意思。

時機終於來了。天禧（公元一〇一七至一〇二一年）初，眞宗任命向敏中出任右僕射之職，敕令宣布當天，李宗諤[4]正在翰林院供職，眞宗對他說：「朕自即位（公元九九七年）以來，未嘗授予僕射一職，今日有此殊命，敏中應甚喜，門下賀客必多。卿往觀之，明日向朕覆命，千萬別說是朕的意思。」宗諤前往拜見，這時敏中正謝絕賓客，門欄悄無一人。

宗諤因有上命，直接入內相見，當面向他祝賀，說：「今日聞大命，士大夫莫不歡慰，朝野相慶。」敏中只是唯唯不語。宗諤接著又說：「自上（指眞宗）即位，未嘗任命端揆，此乃非常之命，自非勛德隆重，特別眷顧倚重，何以至此？」敏中還是唯唯不語，無法揣出眞意。宗諤繼續探底，一一陳述前代擔任僕射一職的勛勞德業之盛，禮命之重。敏中仍然唯唯，始終不發一語。

宗諤只得告辭而退，又派人到敏中家的廚房，問今日有無親戚賓客或飲食宴會，回說看不到半個人影。第二天，宗諤將詳情一一報告。宋眞聽罷，不禁笑著說：「向敏中大耐官職。」此即大耐官一詞的出處。

▌出人意表的美味大耐糕

向敏中的後人向袞（字雲杭），曾在某年夏天，招待自稱「游江淮二

---

[4] 字昌武，文正公昉之子，時爲翰林學士。

十秋」的林洪喝酒，這位閱歷極廣，口福不淺的美食家，終於嚐到一道出人意表的糕點，叫「大耐糕」。起初，他還以爲是用麵粉製作的，等到端出一看，居然是用大李子製作而成，實大大出乎他的意料之外。

原產於中國，迄今已有近三千年種植、食用歷史的李子，又名李實、嘉慶子、嘉應子，乃薔薇科植物李之果實。它的命名，據《爾雅翼》的說法，「李乃木之多子者，故字從木子」。

相傳道家鼻祖老子在李樹下出生，生而能言，指樹爲姓，因而姓李。這一齊東野語，根本不足採信。不過，春秋時期，李已赫赫有名，像《詩經・大雅》中有「投我以桃，報之以李」的詩句及鄭國子產爲相時，國家大治，道不拾遺，乃至街道兩旁的桃李，結實累累，舉手可得，但無一人摘取而食等，便是明顯的例子。

到了西漢時，漢武帝的「上林苑」因群臣及遠方所獻的李樹，即有十五種之多，分別是朱李、黃李、綠李、青李、綺李、青房李、車下李、含枝李、金枝李、顏淵李、合枝李、羌李、燕李、蠻李及猴李等。另，《廣志》云，尚有黃蓮李、青皮李、馬肝李等。而今，從一些漢人的墓葬中，經常發現李核的遺存，由此亦可證明，漢人食李之普遍。

晉人傅玄的〈李賦〉，堪稱撰李文字之經典。其文云：「植中州名果兮，結修根於芳園。列嘉樹之蔚蔚兮，美弱枝之爰爰。……或朱或黃，甘酸得適，美逾蜜房，浮彩點馭，赤者如丹，入口流濺，逸味難原，見之則心悅，含之則安神。」描繪得維妙維肖，讀之能引人入勝。

李之別名嘉慶子，乃唐代之舊稱。據唐人韋述的《兩京記》得知：「東都嘉慶坊有李樹，其實甘鮮，爲京都之美」，此李「人稱爲嘉慶子，久之稱謂既熟，不復知其所自也」，結果「後之售李者，率舉嘉慶坊之美李

以相號召，……後又訛為嘉應子」。看過這段敘述後，我才知道為什麼每在買蜜餞時，常會看到「嘉應子」字樣，原來它是李子也！

宋代馬志所作《開寶本草》中記載：「李有綠李、黃李、紫李、牛李、水李，並甘美堪食，核不中用。有野李，味苦，核仁入藥。」此外，王禎的《農書》中亦記載：「北方有一種御黃李，形大而肉厚核小，甘香而美；江南建寧（今福建建甌）有一種均亭李，紫而肥大，味甘如蜜；有擘李，熟則自裂；有糕李，肥黏如糕。皆李之嘉美者也。今人用鹽曝、糖藏、蜜煎為果，惟曝乾白李有益。」而其製作之法為：「夏季色黃摘之，以鹽按（用手按摩）去汁，合鹽曬萎，去核復曬乾」即成。此用來「薦酒、作飣（堆疊盤中而食）皆佳」。

其實，浙江嘉興的檇李亦是佳品，早在戰國時期，即已揚名天下。此李一名「醉李」，果肉呈橙黃色，變軟轉為紅色，果汁甘洌芳鮮，帶有一股酒香。它如水蜜桃般，只消破皮一孔，即可吸吮而食。有趣的是，當地現已絕種，他處反而有類此之佳品。

現在中國的美李，主要有浙江的紅美人李、白美人李；福建的芙蓉李、蜜李；遼寧的秋李；東北的大紅袍、大黃李、牛心李、紅乾核；安徽的玉皇李；江蘇徐州的桂花李、玉皇李；四川的雞心李、雞血李、朱砂李；山東的朱砂李；河南的櫻桃李及北京西山產的大紅李等。它除鮮食外，還可製成李子乾、蜜餞、罐頭和釀酒。

言歸正傳，大耐糕堪稱以李入饌的代表作。其製法是大李子用「生者，去皮剜核，以白梅、甘草湯焯過，用蜜和松子肉、欖仁（去皮）、核桃肉（去皮）、瓜仁，劃（即鏟）碎，填之滿，入小甑（古代蒸食炊具，底部有許多透氣的孔格，置於鬲或鑊上蒸煮，像極蒸狀元糕之炊具，其功

◎ 現在常見的是加州蜜李

能如同現代的蒸鍋）蒸熟」，由於此品如未蒸熟，會損及脾臟，加上向冕取其先祖大耐官職之意，特稱之為「大耐糕」。並以此表示向家決意繼承文簡（向敏中之諡號）公的品德與情操。

《山家清供》並未註明向家是用何種李子為之。我自己猜想，所用的食材應不外乎肥粘如糕的糕李及紫而肥大、味甘如蜜的均亭李。至於形大而肉厚核小的御黃李，因向家已遷居南方，北方的好李，恐「路遠莫致之」，故無法運用，即使用得著，亦有流通不便之虞。

李子入藥，首見於南朝梁人陶弘景所撰的《名醫別錄》。中醫認為其性味甘而酸，入肝、腎二經，可清肝滌熱，活血生津、利水，適用於虛勞骨蒸、消渴、咽乾唇燥、津少口渴及水腫、小便不利等症。此外，它對肝硬化及腹水腫脹等病情，亦有一定助益。

不過，多食李子亦有壞處，不但會引起虛熱，腹脹，而且會生痰助濕，引發瘧痢，故「脾弱者尤忌之」。值此炎炎夏日，一旦望見美李，勸君多學向敏中大耐官職之義，忍耐著點，少吃為妙。

如君試製大耐糕，剜出之李核切莫輕棄。先去核取仁，再照《本草綱目》的方子，將此仁去皮研細，晚上以雞蛋清調和塗面，到第二天清晨用水洗去，再塗胡粉，不過五、六日，即可治女人面䵟（即雀斑）。看來在享受美食之餘，尚可收美容之效，一物兩用，不亦快哉！

殲倭乾糧繼光餅

　　近幾年來，Bagel（譯貝果，一譯焙果）繼風行美國各地後，已悄悄登陸台灣，嗜食的人不少。關於它的起源，至今眾說紛云。有的說是十九世紀末期，猶太人將其做法傳入美國；有的則說是遲至二十世紀五○年代，才由紐約猶太人區傳出來的。顯然都認為它和猶太人有關。

　　只是我心裡直犯嘀咕，和甜甜圈長得極像的貝果，與我們常吃的繼光餅（一名光餅），非但長相一模一樣，而且甜甜圈與征東餅的外觀，除前者上撒細砂糖外，基本上並無不同。因此，我提出大膽的假設，認為貝果及甜甜圈均來自中土，且與抗倭名將戚繼光所部的乾糧（即鹹味的光餅與甜味的征東餅）衍生物一脈相承。至於猶太人及老外之所以會製作貝果及甜甜圈，想必是由福建人那裡習得！

　　姑不論此假設是否成立，且談談戚繼光在福建的戰績及光餅的由來吧！

▎貝果源自福建光餅？

　　出身軍人世家的戚繼光，自幼即器宇不凡，喜歡玩合泥築城、削竹為

◎ 今日的甜甜圈花樣多變

旗桿、裁紙做旌旗，堆瓦充營壘、自己當指揮的遊戲。曾在讀一兵書後，寫下心得詩句，其末二句云：「封侯非我意，但願海波平。」他絕對想不到，其一生最令後人難忘的事功，即盪平沿海倭寇，南海波濤不驚。

正當明軍與倭寇在浙江激戰時，另股倭寇乘勢侵擾福建。不到五年，整個福建，「北自福建福寧，沿海南至漳、泉，千里蕭條，盡為賊窟」，而寧德之橫嶼和福清之峰頭，則是倭寇劫掠的老巢。福建巡撫告急，請求派兵援閩。於是朝廷令參將戚繼光領兵六千與督府中軍督司戴沖宵所率的一千六百兵士入閩馳援。時為明世宗嘉靖四十一年（公元一五六二年）。

橫嶼位於寧德東北二十里的三都澳中，乃一四面環水的小島。島西側與陸地相連，漲潮時雖一片汪洋，退潮後卻淤泥遍布，極難通行。島上共集結倭寇千餘人，附近居民則為他們的嚮導，四出劫掠，為時三年。遂使「寧德一路，上下三百餘里，三年渺絕人蹤」。當明軍抵達後，即進一步了解其地理形勢和潮汐情況。偵知橫嶼敵巢，如以水師進攻，船隻容易擱淺；如用陸兵強攻，很難越過泥灘，縱使涉渡成功，亦會精疲力竭，無法再行仰攻。為此戚繼光令所部皆割取野草一捆，決定趁退潮之時，陸兵以「負草塡泥」之法，搶灘攻擊，孤注一擲。

一切準備就緒，時當八月初八，正值「到處見海灘」的小潮。戚家軍列成「鴛鴦陣」[1]以隊為基本單位。每隊凡十二人，第一人為隊長，其次二人為牌手。一持長牌，選年長力大而膽壯者擔任；一持藤牌，選年少便捷、手足靈活之人承當，該牌手另攜標槍兩隻、腰刀一把。再次二人為狼筅手，選年健力大、雄偉老成之人承當。再次四人為長槍手，後二人持短兵器。他們乃主要的殺手，均選精敏有殺氣、三十上下的長健好漢擔任。最後一人為火夫，則以老實有力、能肩負而甘為人下者充當。

　　平時，一切行動舉止，均須依照陣式，雙雙次序排列，不得隨意錯亂，違者一定嚴懲。又，命每人根據所授武器精練，務使純熟。戰時，則應「分合變化，出入伸縮，令各以便」，強調相互配合，以整體力量勝敵。

　　此外，它可視情況變化而為「三才陣」，分而為二伍。還可變為「小三才陣」及「五花陣」等）之戰鬥隊形，每人背負一捆草，隨進隨以草填泥。戚繼光親自擂鼓，每一前進百步，戰鼓便停下來，士兵休息片刻，整頓隊形再進。如此反覆數次，終於攻抵對岸。

　　倭寇企圖趁明軍陣角不穩之際，來個大反攻，無奈戚家軍人人奮勇、個個爭先，儘管拼死抵抗，仍被殲滅殆盡。這次境外決戰，明軍大獲全勝。接著又在牛田（今福清東南）及林墩（今莆田南）重挫倭寇，擊殺六千餘名。

　　戚家軍雖累獲勝利，但軍力亦受損失，且浙兵思歸，部隊需要休整。戚繼光遂於十月初一，班師返浙。

---

[1]　此陣為戚繼光於嘉靖三十八年（公元一五五九年）創製。

倭寇見戚部返浙，相互慶賀道：「戚老虎去，吾又何懼？」再次猖狂起來。一支向北攻陷福寧、政和；另一支精銳（約六千人）包圍並攻陷興化府城（今福建莆田）。朝廷檄調新任總兵俞大猷和副總兵戚繼光迅速入浙攻剿。巡撫譚綸採納戚繼光「自當中哨，劉、俞犄角」會兵攻剿的建議，以戚繼光爲中軍，擔任正面進攻；以俞大猷爲右軍，劉顯爲左軍，擔任兩翼攻擊。

結果，明軍三路夾擊，採取速戰速決，造成平海衛大捷。戰後，戚繼光受上賞，晉升爲都督同知，世蔭千戶並提爲總兵官。

嘉靖四十三年（公元一五六四年）十月，戚繼光正式任命爲總兵官，鎮守福建及浙江金、溫二府地方。十一月初，三十艘倭船先後在興化、福寧等地登陸。經明軍打擊後，分別向南逃竄。戚繼光由其動向，研判將犯仙游[2]。於是，他一方面催調返浙輪休的六千兵士回閩，另方面則率部向仙游進發。同時，令沿海駐軍嚴防後續倭寇登陸。此外，他爲了確保仙遊無虞，派兩百人前去加強城防。

十一月中旬，眞倭萬餘人屯駐仙游四門外，團團圍住，加緊攻打。此刻，城內除二百名援軍外，只有民兵二百五十名。戚繼光慮及部隊尚未集結，只有倭寇一半，遂決定先取守勢，確保仙游；待其兵力集中後，再行進剿。因此，他巧施計謀，採取一些欺敵措施。

首先派兵強占城北的鐵山，據險要，設營壘，與倭寇展開對峙，不時進行牽制。

---

[2] 現爲中國的二砲基地

其次選拔五百名勇士輪番偷襲敵巢，使其不能專意攻城。接著，大軍進至城東的沙園，不時作出擊狀，藉以迷惑敵人。緊接著，派精銳一百八十名在夜間輪流向城內運送火藥、火箭等物，並協助防守。然後又派百餘人乘夜進城加強防守。並指示城中守軍，一方面同敵人虛與委蛇，製造談和假象，爭取一些時間；另方面趕製防禦器械，增強防守能力。

最後，他再選六百名精兵進駐城東距倭巢甚近的石馬，四面設置疑兵，令倭寇既不專意攻城，亦不能四出劫掠。

在這當兒，他祭出匠心獨運的法寶——「木發煩」。據《戚少保年譜耆編》第四卷上的記載：「製木發煩數架，皆鬆其後，而左嵌藥鉛，標爲守城之具。示云能納城中者與百金。乃假托諸縣，而令路遇伏寇，即佯擲而還。賊得之喜，遂用以攻城。母裂子發，傷賊數百，僉驚以爲神。」這招果然管用，不但贏得時間，還能傷敵數百，瓦解部分戰力。

等到輪休兵卒到來，已是十二月下旬。此際，雙方兵力相當，明軍未占優勢。戚繼光鑒於倭寇的四門營壘之間，各有一段不短的距離，可以逐一奪取，乃決定先以主力攻打倭寇盤踞南門的營壘，得手後，再分別攻打東、西兩處營壘。目的在殲滅一部、擊潰一部，從而解除仙游之圍。

十二月二十五日，明軍開拔。當夜，天大雨，次晨，大霧瀰漫，咫尺不見人。戚部快到營前，倭寇這才發覺，慌忙列隊迎戰。接戰不久，倭寇大敗，入營頑抗。戚家軍奮勇向前，拔除營柵，進行火攻。餘部逃往東門、西門，陸續被焚毀盪平，死傷數千人。另，尚有數千名倭寇，紛紛逃往北門，企圖垂死掙扎。戚部再行猛攻，大敗殘餘倭寇，凱旋進入城內。從此，倭寇退出福建，向南竄往廣東。直到嘉靖四十五年（公元一五六六年）時，東南沿海的倭患才徹底平息。

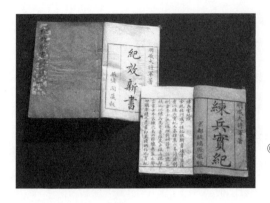

◎ 戚紀光在抗倭戰爭期間寫成的
《紀效新書》，是東南沿海平倭
練兵與作戰的經驗總結

　　仙游之捷是明軍繼平海衛大捷之後，在福建的重大勝利。這仗實在打得太漂亮了。難怪巡撫譚綸在評論時指出：「用寡擊眾，一呼而輒解重圍；以正為奇，三戰而悉收全捷。……蓋自東南用兵以來，軍威未有若此之震，軍功未有若此之奇者也。」

　　由於明軍原先都「行無齎裹，食無炊爨，戰無號令，圍無營壁，窮追遠襲，必寄食於旅店」，以致戰力大打折扣。戚繼光為改善這種狀況，因而提出「為今之計，必隊設火頭行鍋，負之以隨軍。身帶乾糧齎裹，備之以炊爨」的構想。這個乾糧，即現在光餅及征東餅的前身，並已由起初實用的目的，逐漸轉變成中西皆為珍味的一種多用途的美食。

▌戚繼光與光餅的美味關係

　　最早記載光餅的文獻，乃《梵天廬叢錄》，本書在餅一節內記載著：「……至萬曆季年[3]，戚繼光、俞大猷諸將奮力防禦，倭氛乃漸衰息。今軍

---
[3]　此為嘉靖之誤。

中有『光餅』，其形如鵝眼錢，或如小燒餅，以線貫穿之如錢，餅黃色，相傳爲南塘禦倭時所做，以餉士卒者，婦孺咸樂道之，至今不衰……。」

文中的南塘是戚繼光的號，南澳之戰則是戚繼光滅倭最後一役。南澳位於廣東饒平南大海中，地當閩、粵交界處，爲倭寇由閩入粵的咽喉，東西長四十餘里，南北最長處二十里。島上土地肥沃，森林茂密。島四周有深澳、隆澳、雲澳等港灣，可以停泊船隻。其中，深澳的形勢尤爲險要，入港處水道狹窄，小船只能魚貫而入，易守難攻。賊酋吳平[4]的大本營即設在此。

戚繼光的陸軍在俞大猷水師的掩護下，強行登陸。由於嚴令戰鬥時，禁止割首級，禁止取財物，每人準備木底鞋和草鞋各一雙（木底鞋於敵埋設竹簽處穿著）。且規定每天早餐後要留些許乾糧（光餅源自於此），準備午間食用。經過四天激戰，總算鞏固橋頭堡，陸續向前推進。

最後，戚、俞聯軍水陸夾擊，吳平所部被消滅殆盡。明軍計擒斬敵一千五百餘人，燒死及淹死之敵至少五千名。經此慘烈一戰，倭寇一蹶不振，終被追擊殲滅。

戚家軍的乾糧，共計兩種，一種是用少許食鹽調麵粉烤成，另一種加糖調麵粉烤成（比前一種大上一倍）。一鹹一甜，一大一小，兩種餅的中央都有小孔，可以穿繩掛在頸上，便於攜帶行軍充饑。後人爲了紀念戚繼光，就把前一種命名爲「繼光餅」（一名「光餅」），後一種稱之爲「征東餅」。民間至今還傳誦著一首「光餅」詩，詩云：「好偕刁斗便軍行，麥麰香風囊底生。十里思兒亭外路，當壚父老解談兵。」另，清人吳中林亦

---

[4] 福建詔安人，早年勾結倭寇，劫掠沿海，後來勢力大增，乃自樹旗幟，與官府爲敵。自招納從閩退卻的倭寇殘部後，成爲南海一霸。

◎ 自美國傳來台灣的貝果

曾撰詩云：「將軍一去二百年，餅式依然傳里間。此餅因冒將軍名，婦孺皆知名相映。」

此二款福建傳統麵食，現仍流行於福州以及閩中、閩東一帶，台灣亦有分布，很受群眾歡迎。而今，在福州市內風景區于山「戚公祠」內，除陳列戚繼光的兵書、盔甲等文物外，還特別陳列「光餅」與「征東餅」的模型，以示紀念。

目前「光餅」的做法係將麵粉加入蘇打、精鹽摻水攪拌，再添酵麵繼續攪拌均勻，然後把麵團製成餅坯，放入木炭爐或烤箱中烘烤至熟。餅呈金黃色，外鬆香而內鬆軟，其嚼勁介乎硬梆梆的貝果及軟趴趴的甜甜圈之間，易於消化吸收。

「光餅」既可像零食般，直接送口咀嚼；也可內夾蠔煎又稱蚵煎、海蠣煎，（乃現今台灣小吃蚵仔煎的本尊），當成大菜享用。蠔煎雖是漳州市的著名小吃，但以「光餅夾蠔煎」，卻是一道名聞遐邇的福州菜。早年台灣的一些福州菜館均有供應，外型似漢堡，但滋味更勝一籌。有的福州菜館，如位於新店市中華路的「泉興餐廳」，除有生蠔外，其內亦加蝦仁、花枝等海鮮，自稱「花界仙」，味道頗不俗，食來有別趣。可惜自該店歇

業後，未嚐「花界仙」久矣，回想起來，不無遺憾。

　　另，貝果在經麵包師傅的摻料下，已從原味的，增加核桃、葡萄乾、芝麻、荳蔻、榛仁等添加物，成了十來種口味。而在食用之際，固可直接咬食，亦可夾生菜、燻雞、燻鮭魚、培根、洋火腿等張口大咬。口類繁多，吃法多變，難怪它會襲捲新大陸，繼而向原創的福建及一水之隔的台灣進軍了。

　　從清初開始，福建人民已將「光餅」及「征東餅」視為生活上的主糧之一，不論是赴京趕考的文人，還是離鄉遠行的商人，甚至是漂洋過海的僑胞，都會帶著它們，充當路途上的乾糧。也正因如此，它才能在異域開花結果，進而變化出無數的分身，並在世界各地廣為流傳。

元宵夜禁食元宵

宵節吃元宵，冬至時吃湯圓（一作湯糰），已是今日台灣的節令習俗。一般而言，元宵有餡而湯圓無餡，元宵粒大而湯圓粒小。但不論是元宵或湯圓，其煮法均可甜可鹹、可湯可炸，各有其風味。然而，就中國的飲食史觀之，元宵與湯圓本是一家親，至於強把元宵易名為湯圓，放眼近代史上，倒真有過這麼一回。

原來民國初年時，袁大總統世凱執政，一意專制自為，後竟盜國稱帝，並且改元洪憲。在這段期間內，惡聞元宵（音同「袁消」）之聲，一度傳令禁止，故當時北京曾「沿街不許喊元宵」，一律只准叫湯糰。

袁世凱這人也真是的，不僅手握重兵，而且把持特務，政權穩如泰山，還怕口采不好，真個是活見鬼。據侯宜杰《袁世凱全傳》上的說法：「在袁世凱的封建法西斯統治之下，人身自由毫無保障。在北京，有權逮捕人的機關有十餘處，最令人毛骨悚然的是京畿軍政執行處、京師警察廳和北京警備司令部。偵探密布，軍警四出，人人自危，稍一不慎，即罹逮捕殺頭的慘禍。」在『二次革命』期間，袁世凱更是百倍千倍的凶狠，對反對者恣意殺戮，整個北京一片白色恐怖，暗無天日。議員伍漢持、徐秀鈞，工黨領袖徐企文皆被處以極刑（一般人慘遭殺害者，不計其數）。」

◎ 古時賣湯圓的小販

便知那時的「白色恐怖」有多麼嚴重。當時有頭有臉、有權有勢的政界人士，尚且難逃一死，何況是升斗小民。難怪積威之下，人們無不懍遵，硬把元宵叫作湯糰了。

▌仕途順遂的袁世凱

如就仕途來說，袁世凱可謂一帆風順。甲午戰爭前，他還是個「考場失意」的青少年，不想因緣際會，廿二歲投軍後，正值朝鮮多事，翌年隨軍援韓，迅即脫穎而出，譽為一代「奇才」（吳大澂評語），享有「知兵」之譽，旋被重臣力薦，派駐小站練兵。庚子拳亂突起，繼任山東巡撫。八國聯軍之後，李鴻章臨死前，薦其繼任為「直隸總督、北洋大臣」，此時他才四十二歲，正值壯年。短短二十年間，一躍而至權相，不可不謂得意。

接著袁氏在慈禧太后的信任下，成了「治世之能臣」，興利除弊，變

◎ 袁世凱像

法維新，建樹不少。其犖犖大者，有廢科舉、設學校、興實業等。但最重要的還是軍事。他以在小站練成的「武衛右軍」為基礎，逐步訓練出一支精銳的、現代化的陸軍（即北洋六鎮），並完成其配套設施（如「保定軍官學堂」、「軍械學堂」、「軍醫學堂」、「經理學堂」、「馬醫學堂」等），更擬訂全國徵兵方案，並由朝廷飭令各省興辦陸軍小學，依次可遞升至陸軍大學。同時，他還訓練出一批現代化的警察，寓兵於警。而此練軍日後更成了他翻雲覆雨的利器；練警則是他異日鞏固政權的法寶。左右逢源，相輔相成。

得「君」甚專、集軍政大權於一身的袁世凱，從一九○一年冬至一九○七年秋這整整六年內，一直是清末新政的重心所在。無奈他在戊戌政變時，向極右保守的舊派靠攏，導致光緒被囚，故為帝黨、新派嫉恨太深，時遭掣肘，加上他儘量自我貶抑，捧滿清親貴出頭，可恨的是，這些親貴實在太過顢頇，袁氏既要做事，不免露出圭角，雖其聲譽日隆，畢竟結怨甚多。於是就在慈禧行將就木之際，乾脆來個釜底抽薪，經過一番布置，

將他明升暗降，由掌握實權的直隸總督、北洋大臣，調升為有職無權的軍機大臣，兼外務部尚書。此舉實為以後的「袁消」，埋下伏筆，譜了先聲。

一九〇八年十一月，光緒帝與西太后在一週之內先後去世。溥儀即皇帝位，由光緒胞弟攝政王載灃監國，他恨死了袁世凱，對袁氏力圖報復，幾番欲置之死地。世凱雖悻免於難，仍於一九〇九年一月，以「現患足疾步履維艱，難勝職任」為由，強行罷斥年方五十的袁世凱——「著即開缺回籍養痾」。這下子，可真個是正港的「袁消」了。

然而，這位「離休高幹」並未返回原籍項城，反而先在河南衛輝住了幾個月。到了六月間，再搬到彰德（今河南安陽）府城北門外的洹上村，住了將近三年。

彰德在太行山腳下，位於河南、直隸兩省的交界處，乃京漢鐵路上的要塞，向為豫北重鎮。洹上村則因面臨洹水（一名安陽河）而得名。這裡原有天津鹽商何炳瑩的一座別墅，總面積達二百餘畝，袁愛其軒敞靜謐，買過來後，即予修葺擴充，闢有菜園、瓜園、果園、桑園，飼育雞、鴨、豬、羊等禽獸。與其妻妾[1]子女分別居住在九個四合院內，築有院牆圍繞。另，整修了一座花園，學陶淵明日涉其中，名曰「養壽園」。

定居洹上村之後，世凱接其堂兄世廉（時因病由徐州道解職前來彰德）同住。二人有時策杖漫步，有時下棋談心，為了表明「心跡」，袁還頭戴斗笠、身披蓑衣、垂綸而坐，世廉則持篙立於船尾，兩人以此景拍張照片，美其名曰「蓑笠垂釣圖」，送交上海《東方雜誌》刊載，以示自己寄情山水，漁樵為樂，不再過問政治。又，為了打發時間，有時同幾個文

---

[1] 其四個妾皆為韓王李熙所贈。一人早死，存者三人成為世凱之第二、三、四房如夫人。其後共生子女十五人，七男八女。

人墨客吟風誦月，詩酒唱和；有時則設宴園中，與妻妾子女團圓圍坐，共享天倫之樂……。

語云：「由奢入儉難。」過慣了一呼百應、威儀赫弈生活的人，總免不了不甘寂寞。故而他這一「向下沉淪」的招式，只是做給外人看的，私底下他與慶親王奕劻、英國公使朱爾典等人來往的「向上提升」動作，卻始終不曾中止。

此外，總角老友、翰林徐世昌[2]及謀臣策士楊士琦、楊度之流，經常與之暗通消息；長子袁克定名義上是北京農工商部的右參議，實則是他的「駐京辦事處長」兼「聯絡副官」。何況袁府所設的電報房，整天嗒嗒價響，同各省督撫時相往來；而身邊的那些清客師爺，明裡陪他飲酒賦詩，暗中則是收集資訊，研擬策略。

此一時期的袁世凱，曾賦《登高》一詩，口氣不小。詩云：「樓下能容膝，檐高老樹齊。開軒平北斗，翻覺太行低。」其言下之意，誠不言可諭。

時機終於來到。武昌起義的第二天，恰巧是袁世凱五十二歲生日，正當「養壽園」內觥籌交錯、演戲祝壽之際，武昌起義的消息傳來，心腹親信們相顧失色，袁起初亦侷促不安，立即下令撤宴，停止一切演戲。稍後轉而一想，「危機即是轉機」，這不正是天授良機嗎？東山再起之日，當不在遠。於是這位「亂世之奸雄」便對眾人道：「此亂非洪楊可比。」政治嗅覺，堪稱靈敏。

果然滿清權貴久為革命軍的聲威所懾，武昌一地的警耗，尤令怯懦的

---

[2] 曾任袁小站練兵時的「參謀營務處總辦」。

251

載灃、無知的隆裕太后、昏庸的奕劻等張皇失措。十月十二日，一面將湖廣總督瑞澂革職，令其「帶罪圖功」，一面派陸軍大臣廕昌剿辦。袁世凱所手創的陸軍，則編配成三個軍，分別由廕昌、軍諮大臣載濤、軍諮使馮國璋自統或督率。可是廕昌雖曾留學德國，但才短於學，載濤不知軍旅，毫無戰爭經驗。袁的舊部馮國璋則惟世凱馬首是瞻，指揮不動。

此時用人之際，北京公使團在朱爾典領銜下，謂非袁不能平亂，言官復以爲請。朝廷只得起用袁世凱爲湖廣總督，以救燃眉之急。命令發布之日，袁的左右勸他不可重作馮婦，否則亂事一平，即有性命之憂。袁則成竹在胸，但湖廣總督的職位，已不能滿足他了。於是稱病請辭，力陳：「徒以養痾鄉里，未能自效馳驅，捧讀詔書，彌增感激。值此時艱恐亟，理應恪遵諭旨，迅赴軍機。惟舊患足疾[3]，迄今尚未大癒，去冬又牽及左臂，時作劇痛。此係數年宿疾，急切難望痊癒，然氣體雖見衰頹，精神尚未昏瞀。近自交秋驟寒，又發痰喘作燒舊症，益以頭眩心悸，思慮恍惚。雖非旦夕所能就痊，而究係表症，施治較舊恙爲易。現既軍事急迫，何敢遽請賞假，但因困頓情形，實難支撐，已延醫速加調治，一面籌備布置，一俟稍可支持，即當力疾就道，藉答高厚鴻恩於萬一。」來個以退爲進，無非希望取得最高的官秩及更大的權力。

經過一再討價還價。十一月一日，北洋軍攻下漢口。同日，清廷宣告解散「皇族內閣」，授袁世凱爲內閣總理大臣。於是這位「洹上釣叟」便「收起釣竿，拿起槍桿，挾『六鎮精華』俱來，民國政局，就『非袁不可』了。」（史學名家唐德剛語）再幾經折衝，袁遂成爲中華民國的第一任合

---

[3] 回應其「開缺回籍」之理由。

法的正式大總統，取得日後搞帝制的雄厚本錢。

袁消與元宵的愛恨情仇

只有失去過權力的人，才知道失去權力的可怕。袁世凱經過洹上村這一攪弄，便對「袁消」二字特別敏感，自在情理之中。但平民百姓才不管它是叫元宵還是湯糰？照樣送口不誤，吃得唏哩嘩啦！

據後人考證，元宵節吃元宵的習俗應始於宋代，此因道教人士詭稱：后羿與嫦娥在上元夜相會，「復爲夫婦如初」，其定情物則是「用米粉作丸，團團如月」[4]。

根據宋人呂原明《歲時雜記》上的記載：「上元節食焦䭔最盛且久。又大者名柏焦䭔。凡賣必擊鼓，謂之『鼓䭔』。」又《東京夢華錄》記道：「焦䭔以竹架子出青傘上，裝綴梅繖金小燈籠子，架子前後，亦設燈籠。敲鼓應拍，團團轉走，謂之『打旋羅』。」且「列街巷處處有之」。這裡的「焦䭔」，即是油䭔。

另，元人陶宗儀所輯之《說郛》中，亦有「汴中節食……上元油䭔」之記載。若眞要說此道的高手，宋初陶穀《清異錄》一書內，即載有一位人稱「張手美」的點心小販，所製「上元油䭔」特別脆美，四方有名。

唐宋之油䭔，在元明以後，中國的北方已鮮聞其名，但今之廣東，卻流行同音替代的「煎堆」，故煎堆實際上就是油䭔，這可從明末清初人屈大均所著的《廣東新語》中有關的記述：「煎堆者，以糯粉爲大小圓，入

---

[4] 見《三餘帖》，形如「團團圓圓」的焦䭔和圓子，便是人們在上元節享用的應景食品。

油煎之，以祀先及送親友者也」。即可窺其堂奧。

　　油鎚（即炸元宵）經過千餘年的發展，其製法與品種已具地域色彩，光是嶺南一地，即有海南島之「通心煎堆」，東莞的「碌堆」，九江的「煎堆」和龍江「煎堆」等等。稱得上是唐宋食風今猶在，嶺南煎堆報春來。

　　而宋代時，上元節除吃油外，還吃與之相似的圓子。依《歲時雜記》的說法，北宋東京人在元宵節「煮糯爲丸，糖爲臛，謂之『圓子鹽豉』。」這顯然就是後世南方人所稱的湯圓。且《東京夢華錄》亦云，當時正月十六日，東京「市人賣……科斗（即蝌蚪，言其小。）圓子、柏頭焦䭔」，十九日收燈時，「都下賣鵪鶉骨飿兒、圓子、䭔鼓」。到了南宋，僅首都臨安（今杭州）市面的上元節食，便有乳糖圓子、山藥圓子、眞珠圓子、澄沙團子、金桔水團、澄粉水團和湯團等名目。號稱「團團秫粉，點點蔗霜，浴以沈水，清且甘香」。可見它們全是甜品。

　　到了明代，元宵充做上元節的食品，在北京已很常見。劉若愚所撰的《明宮史》即指出：自正月初九日起，北京人即開始吃元宵，「其製法用糯米細麵，內用核桃仁、白糖、玫瑰爲餡，灑水滾成，如核桃大，即江南所稱湯圓也」。由此觀之，其製法與今法已無區別。

　　清宮的「八寶元宵」，彌足珍貴。《桃花扇》作者孔尚任因而賦詩云：「紫雲茶社斟甘露，八寶元宵效內做。」這效內做三字，已點明係仿清宮而製。當時北京有位高手馬思遠善製元宵，成品不遜大內，以「滴粉元宵」揚名，轟動京城，四方爭購。錢塘人苻曾的《上元竹枝詞》具體點出其特色，詞云：「桂花香餡裏胡桃，江米好珠井水淘。見說馬家滴粉好，試風燈裡賣元宵。」

元宵點心多樣化

元宵從發展至今，已形成地域有別，風味各殊，豐富多彩的一味點心，不須逢年過節，平日亦可點享。

而今在用料上，元宵外皮除江米麵外，尚有黏高粱麵、黃米麵和包穀麵等。餡心則有桂花白糖、山楂白糖、玫瑰、金桔、什錦、芝麻、棗泥、豆沙、筍肉、豬肉及新近流行的抹茶等，五花八門，應有盡有，且不時在創新改良中。

其在形制上亦奇，非但有大如核桃的元宵，也有小如黃豆的「百子湯圓」。既有通丸甜糯；不見餡心的實心圓子，且有皮薄似紙、精巧別致的「碌皮湯圓」。而在製做上，北方元宵多用籮滾手搖的古法，南方則習見搓條摘丁揉圓或以手團之等方法。現在多用機器量產，不復當年擂沙景觀。

至於煮食元宵，南北食法各異，像廣東人喜歡在湯裡頭加薑汁或鮮薑，食來別具滋味。北方人則愛於湯中滴些糖桂花，甚能激發香氣，格外誘人饞涎。

在我所吃過的各式元宵中，台北「上海極品軒餐廳」的玫瑰湯圓尤奇，它雖名為玫瑰，餡裏卻無玫瑰，其味竟賽玫瑰。它之所以如此，實因玫瑰滷在當下的台灣極不易得，老闆陳力榮只得出奇制勝，另添金棗、瓜子肉、冬瓜糖、白芝麻、桂花滷、桂圓滷和肥板油等，自行調味成餡，居然幾可亂真。其皮滑潤，其餡Q勁，香氣襲人，口感甚棒，確為獨門奇品，等閒不易嚐到。

據說當年袁氏竊居帝位，改元洪憲之時，他寵信的雷震春等人為逢迎主上，曾下令北京各餑餑舖，一律改稱元宵為湯糰。各餑餑舖在槍桿的淫

◎ 玫瑰湯圓沒有玫瑰，卻香氣襲人

威下，無不凜遵勿違。偏偏前門大街賣元宵的名店「正明齋」，早在過年時，就「把歷年豎立在門口各種細餡元宵廣告牌掛出來。因為年年如此，忘記把元宵字樣改為湯糰，被憲警機關發現，藉詞故違政令，罰了大洋一百元整」。等到洪憲命終，恢復共和體制，翌年過年時，「正明齋」特地在門前「搭了一座彩牌樓，還用小燈泡攢成各式元宵四個大字，以資洩忿，才出了這口怨氣」。此說出自唐魯孫的《大雜燴》一書，想必所言不虛。

往者已矣，袁世凱下令禁喊元宵之事，早已不復存在。不過，當時人的打油詩至今猶存。詩云：「詩吟圓子溯前朝，蒸化熟時水上漂。洪憲當年傳禁令，沿街不許喊元宵。」看來隱居洹上村時的「袁消」，應是袁心中永遠的痛。午夜夢回，怎堪回首？

攸關經濟府釀酒

　　民國六十八年元旦時,我正在金門服役。當天發生了三件大事,第一是中美斷交;第二是中共全國人大常委會發表「告台灣同胞書」;第三則是與我軍旅生活息息相關的,即中共國防部長徐向前,正式宣布停止砲擊金門。現僅依稀記得,大、小金門管制,官兵不許休假,持續一段時日。

　　然而,最勁爆的大事,卻在當年五月十六日傍晚時分引燃。其時我正擔任安全士官,就在交接前一刻鐘,師部打電話來,令各單位準備明日一早「雷霆演習」[1],接下來的幾天,幾乎都有狀況。除「雷霆演習」外,又有部隊換防,搞得人心惶惶。後從長官處得知,馬山連連長叛逃,可能帶走該師的「作戰計畫」及金門駐軍的「通訊密碼表」等重要文件,故金防部立刻下令駐守南雄的三一九師,與駐守金東的二八四師,連夜互換陣地,確保防區安全。

　　由於我師(即一四六師,駐防金門島正中央,師部在小徑,我的駐地則在風景優美的中山紀念林)為換防必經之地,各種傳言極多,紛擾多時始定。

---

[1] 此演習是遇有官兵行蹤不明時,全島各單位於天明出動,搜遍責任區內各角落,直到「死要見屍,活要見人」為止。

◎ 戰地金門

▌林毅夫的登陸故事

後來聽說當時站崗的衛兵被槍斃，該連的輔導長則先監禁再判刑。不過，惹來話題最多的，還是男主角本人，報章雜誌幾未著墨，只隱隱約約的聽長官提起，指出那位連長本名叫林正義，原就讀台灣大學，在成功嶺受寒訓時，於結訓前一天，向連上長官要求轉讀陸軍官校後，以第二名畢業，並更其名為林正誼等情。

至於他是怎麼叛逃的，倒是眾說紛云，有說是直接游泳過去的，也有人說是抱著籃球，隨潮水漂流而去的。因我曾去過馬山觀測所，不用望遠鏡，對面的角嶼照樣看得清清楚楚，中間亦有礁石露出海面，何況相距僅一千八百公尺，這對泳技不錯的林正誼來說，游泳偷渡到彼岸，絕非難事。如得借助籃球的浮力，導致目標明顯，易被「友」軍發現，豈不徒勞無功？

萬萬沒有想到，過了十九年後，台北各媒體競相以顯著篇幅，報導「當年以特殊方法」進入大陸的，現爲北京大學中國經濟研究中心主任林毅夫。原來這位號稱「朱鎔基智囊」的林毅夫，正是當年叛逃的馬山連連長林正誼，他以學者身分申請入台證乙節，雖已獲得許可，但一經披露後，引起立委朱鳳芝質詢，問當時國防部長蔣仲苓是否知情？尤令人訝異的是，蔣不僅聲稱「我知道」，同時表示只要軍法追訴期未過，國防部一定會將他繩之以法。

　　接著又因如何法辦，招致各界廣泛討論，最後因他並未來台，此事暫告平息。但這位曾當選模範連長的林正誼，後來又怎會變成中共「全」國政協委員一節，倒是值得一探究竟。

　　林正誼的傳奇，自登陸角嶼即開始，爲了紀念重獲「新」生，他更名爲林毅夫，先進入北京大學苦讀，取得政治經濟學碩士，接著獲得美國芝加哥大學經濟學博士，再赴耶魯大學進行博士後研究。由於表現傑出，加上成績斐然，美國多家著名學府陸續提供教職。但他一一謝絕，束裝返回大陸，並先後擔任國務院農村發展研究所副所長、農村部副部長等職。

　　一九九三年，他更集合大陸改革開放後首批赴美接受完整西方經濟學訓練的學者，組成「中」國經濟研究中心，成爲大陸本土經濟學研究的重鎮，打響「中國將是二十一世紀全球最大的經濟大國，二十一世紀也將是中國經濟學家的世紀」之口號，深受朱鎔基的賞識，終獲選爲政協委員。

　　林毅夫當時的住家，位於北京廠橋附近，外表樸素無華，僅是一面灰牆，但從一扇紅門進去後，卻是個獨立的小四合院。這地方可是大有來頭，竟是前清慶親王府的所在，雖只是其中一小部分，但在偌大的北京城內，亦足以意味著主人的特殊身分了。

禮尚往來、不著形跡，盡得其妙

慶親王府共有兩處。一在前海西街路北，即原一等忠襄伯和珅的府第。其始王永璘，乃高宗乾隆的第十七子，與仁宗嘉慶是同母胞弟。乾隆五十四年（公元一七八九年）封貝勒，嘉慶四年（公元一七〇九年），仁宗親政，晉升惠郡王，後改慶郡王。二十五年（公元一八二〇年）晉慶親王，不久亡故，諡號爲僖。事實上，永璘所獲的，並非和珅府的全部，其另一半，則爲額駙豐紳殷德府（固倫和孝公主府）。

據說永璘得以入主和珅府，是因高宗末年時，有次皇子間閒談，話題扯到和珅。永璘即明確表示：「惟冀他日將和珅邸第賜居，於願足矣。」等到仁宗抄和珅家，即將其半賜他。然而，到了弈劻（永璘孫）繼襲輔國將軍，居此府不久後，適值宣宗六子弈訢（封恭親王）分府，便徵用此府爲王府，弈劻只好另立門戶，私稱此恭親王府爲慶親王老府。不過，人們爲了便於區分，仍名之爲恭親王府。

另一處位在定阜大街西部路北，已在一九八四年時，列爲北京市文物的保護單位。其前身乃琦善府，惟將之改建爲王府體制，當在光緒二十四年（公元一八九四年）弈劻晉位爲慶親王之後。他於二十世紀初，已開始掌握實權，先是一九〇〇年受命留京，會同大學士李鴻章與八國聯軍議和，再於翌年擔任簽訂「辛丑和約」的全權代表。一九〇三年，授軍機大臣，仍總理外務部部務，其後又總理財政處、練兵處，並充任全權大臣與日、俄簽訂《會議東三省事宜正約》，緊接著兼管陸軍部部務，權傾朝野。

一九〇八年時，弈劻於聖眷正隆之際，上命以親王世襲，從而成爲清代第十二家、也是最後一家「鐵帽子王」。其第一子載振承父庇蔭，於一

九〇三年代父爲御前大臣，兼商部尙書[2]。等到宣統下詔遜位，奕劻即避居天津，七年後去世，由載振襲慶親王爵位。

據金梁《道咸同光四朝佚聞》一書的說法，「奕劻初爲貝勒[3]，頗以明幹稱，亦讀書，能書畫。遇事多所匡正」，但自他入值軍機處後，則「忽一變其素習，用人行政，非貨不成，有饋獻必手受，京俗喜壽例面致，故不以爲奇，而慶（奕劻）實慮爲左右所欺，非親授受常無效，且必手自檢點，雖萬千不憚其煩也」。不過，他這種說法頗有商榷餘地，原因是奕劻父子同爲重臣，招權納賄，賣官鬻爵，以致「北京大小官員，無不奔走其門府」，遂被人譏爲「老慶記公司」。照此門庭若市的情形看來，奕劻那有那麼多閒功夫，居然親自檢點所有禮物、賄款。

還是傅傑在〈大貪官慶親王奕劻〉一文中所指陳的，較爲合理且傳神，原來「一般逢迎邀寵之徒，爲避納賄之嫌，經常利用慶親王半夜上朝之前，悄悄把禮物送到王府。……據說每當厚禮送來之後，照例由王府回事處的官員，趁王爺拂曉上朝的機會，抬著盛禮物的方盤回稟：『請王爺看一看，這是某某人送來的。』王爺這時總是不經意地說一句『費心』，便算完事。如果禮物異乎尋常時，回事處還要補一句『請王爺看一看』。王爺便也意識到此，雖然僅是淡淡一望，但口中卻加重語氣，說一聲『如此費心！』於是納者宿願克遂，受者躊躇滿志，盡在不言中，交易而退，各得其所」。事實上，收受的雙方，亦必須如此，才能達到「禮尙往來」的藝術境界，不著形跡，盡得其妙。

該文另舉一例以明之，稱：「北洋軍閥段芝貴在當時所以大闊特闊和

---

[2] 商部於一九〇五年改爲農工商部，載振仍任該部尚書。

[3] 咸豐十年，即公元一八六〇年。

聲名狼藉，就由於常走奕劻的門路，慣納苞苴之所致。例如有一次曾送奕劻兩顆重達幾百兩至千兩的黃金印。」因此，「依此類推，足見他費盡苦心送禮之一斑」。此就《清史稿》一書觀之，確實有跡可尋。並在此詳述如後——原本生活放浪、醜聞迭出的載振，早在擔任商部尚書時，即因「宴集召歌妓侑酒」事，遭御史張元奇彈劾。光緒下諭旨：「當深加警惕，有則改之，無則加勉。」算是淡化處置。接著「御史蔣式瑆奏：『戶部設立銀行，招商入股。臣風聞上年（指光緒二十九年）十一月，慶親王奕劻將私產一百二十萬金送往東交民巷英商匯豐銀行收存。奕劻自簡任軍機大臣以來，細大不捐，門庭如市。是以其父子起居、飲食、車馬、衣服、異常揮霍，尚能儲蓄鉅款。請命將此款提交官立銀行入股。』」

結果，「上命左都御史清銳、戶部尚書鹿傳霖按其事」，以「不得實」，致不了了之。後來，東三省改設督撫，奕劻竟然「以直隸候補道段芝貴署黑龍江巡撫」，一下子連升數級，當然事有蹊蹺，啓人疑竇。御史趙啓霖於是上奏皇帝，指出：「段芝貴善於迎合，上年貝子載振往東三省，道經天津，芝貴以萬二千金鬻歌妓以獻，又以十萬金爲奕劻壽，夤緣得官」。朝廷於是罷段芝貴官，並命醇親王載灃、大學士孫嘉鼐查辦。最後的結局果然不出眾人所料，又因「不得實」，故「奪啓霖官」。這招雖各打五十大板，可稍息眾怒，但對炙手可熱的奕劻而言，根本不痛不癢。

儘管奕劻掌控的朝廷，一再打壓御史，但有風骨的，仍不乏其人。宣統即位之初，御史江春霖又以特疏糾參奕劻，依《清稗類鈔》上的記載：「疏中所謂『江蘇巡撫寶棻，陝西巡撫恩壽，山東巡撫孫寶琦爲其親家；山西布政使志森爲其侄婿；安微巡撫朱家寶之子朱綸爲其子載振之乾兒』，悉事實也。疏上，都下（今北京）喧傳，爭爲春霖危，謂恐蹈

趙御史啓霖覆轍，……果奉旨命其明白回奏。及覆奏，乃歷數諸故實，謂：『人言藉藉，事非傳疑，本可按圖以索也。』末更謂：『臣非不知趙啓霖劾奕劻罷官，……只以樞垣重地，汲引私人，恐或貽誤大局，激於忠悃，冒死直陳。』」過沒好久，「仍奉旨切責，命回原衙門行走」。

顯然二霖之舉劾，雖震動北京城，但無法動搖奕劻的惡勢力，反而罷斥忠直。其他的御史，如「陳田、趙炳麟、胡思敬等先後籲請收回成命」，全無下文。「於是全臺（御史臺，即今監察院）大憤，由御史忠廉領銜，連署者五十八人，公上『言路無所遵循，請明降諭旨』一摺」，縱此舉乃中國「自有御史臺以來，固未有眾情一致，爭尚風節如斯之甚者」，卻石沈大海、無疾而終，奕劻仍老神在在，根本無法動他一根寒毛。

金梁另點出他的親身經歷，謂慶親王「為人，亦有不可及者，能矯情鎮物，喜怒不輕見於色。每議事，群爭論，輒徐出一言以定。平居寡言笑。余在政務處時，嘗召詢官制議稿。余年少好論事，陳述意見，滔滔至四刻之久，王危坐默聽，始終未發一言也」。根據他的陳述，我在想奕劻莫非喝多了自己王府中精釀的「香白酒」，以至於此。

▌府釀齊名京師三白酒

香白酒的製法源自前明的「佛香碧」，係用佛手柑[4]。製成，始飲香烈奇絕，但不耐久藏，因它是慶王府之珍釀，自然非同小可。滿朝公卿文

---

[4] 其形如握拳狀，亦為柚、橘之屬，與枸櫞為同科植物，以產於浙江金華者最有名，福建、廣東、台灣等處，均有出產。生果不能食，惟芳香極烈，既可作為案供，亦可當成盆景供人玩賞。皮瓤富含香精油，含維生素C甚豐，其質不易腐爛，久陳者，尚可充藥用，能疏鬱氣，開胸膈，並有醒胃豁痰、辟惡止痛之功效。

◎ 佛手柑是香白酒的香氣來源

武，皆以得飲爲榮，群呼爲「府釀酒」。而今府釀酒已與蓮花白酒、菊花白酒齊名，號稱「京師三白酒」。

醸製此一府釀酒的祕方，收錄於《晚清宮廷生活見聞》一書中。它記載著：慶王府「每年秋季要泡製一批香白酒。泡製的手續是：大紹興酒罈內放最好白乾酒五十斤，外加香圓果三斤、佛手果三斤、木瓜果三斤、廣柑三斤、茵陳草一斤、綠豆三斤、冰糖五斤，密封後寫上年月，然後入庫。每年照例配製一批入庫，依照年次取出飲用。」奇怪的是，自其祕方經學者披露後，卻始終乏人問津。

一直到公元一九八〇年時，在中共商業部有關人士的促成下，「北京通縣製酒廠」乃根據此一香白酒祕方，並參考相關資料，將秘方與現代醸製科技結合，歷經四年努力，遂于一九八四年正式投產，稱「府慶牌府釀酒」。

本酒以優質高粱酒爲酒基，用佛手柑爲主料，再輔以木瓜、廣柑、茵陳、綠豆等配料，按一定比例，採浸漬、蒸餾、陳醸、勾兌等工序醸成。屬植物藥材配製酒。如能適量常飲，既有清心去燥、降濁清肺之效，且能收養元補氣之功，睡前小酌一杯，眞個其樂無窮。

府釀酒的酒度爲攝氏四十度至四十五度，糖分爲百分之八，總酸介於百分之零點二到百分之零點四之間。酒液澄清透明，色澤晶瑩悅目，酒體醇和綿柔，入口甘甜平順，回味餘香悠長。香氣則果香、藥香與酒香融爲一體，洋溢佛手清香。末代皇帝溥儀於試飲後，對其評價頗高，許爲酒中珍品，隨即賦詩一首，詩云：「昔時王謝珍家釀，輾轉流傳歷百年，仿膳品嘗當日味，飛觴共醉上方遙。」

依我個人體驗，品嘗府釀酒時，獨酌滋補固佳，搭配涼菜亦妙。像用羊羔、三皮絲、醬肘子、芥末海參、水晶丸子、燒雞、火熏豬肚、又烤雞肝之類下酒，能使酒菜增色，提升品味層次。如再有些腰果、榛仁、松子、夏威夷火山果和核桃等硬果佐飲，尤爲一大享受，令人好生難忘。

金梁曾提出一個有趣的觀點，聲稱「嘉慶初，誅和珅，沒其宅，賜慶親王永璘，奕劻其後也。和珅以貪著，奕劻亦老而戒得，殆風水耶？」比擬不倫，未足採信，付諸一笑可也。

不過，奕劻後來的慶親王府，南起定阜街，北至延年胡同，東起松樹街，西至德勝門內大街。面積廣闊，建築宏偉。共分三路。主體殿堂居中，今前部皆已改建，變成樓房，只剩後寢，孤立院中。東路外形尙在，但內部多改建，難窺原來制式[5]。西路原爲王府生活區的三組並排院落，現分爲各開大門的三個院子，此乃奕劻死後，三子分家，各立門戶時所改。今三個院子的原來建築基本完整，廳堂廊廈，華麗精緻，舊日匾額尙在，仍有可觀之處。只是此慶王府除西路外，曾於四十年代出售，起初爲僞「華北政務委員會」所有；抗戰勝利後，先後改爲十一戰區長官部（司令

---

5 毅夫當時之居所，乃其中一小部分。

◎ 府釀酒需以優質高粱酒為基底。

長官為孫連仲）及空軍北平司令部。其間頗歷滄桑。而它與林毅夫的際遇比較起來，前者由盛而衰，後者倒吃甘蔗，相去不啻雲壤。

　　總之，自北京舉辦奧運成功後，經濟持續猛飆，成為超級強權，全球有目共睹，固不待言。但如何肅清貪污，使盤根錯節的惡勢力，不致吞噬提振經濟的成果，依舊考驗著中國執政者的決心與智慧。倘其當朝諸公，日飲府釀酒一杯，善自珍攝，保持清醒，記取奕劻教訓，打擊貪賄腐化。果能如此，始克有濟，能期大成。

後記

　　絕對是一種經驗傳承，過去如此，以後仍是如此。

　　就我所知，在中國歷史上，能克紹箕裘、父死子繼的大吃家共有兩家，一是明中葉宋詡及宋公望父子，二是清代的李化楠、李調元父子。前者各有著作，像宋詡的《宋氏養生部》及宋公望的《宋氏尊生部》，均是有明一代的飲食鉅著，影響後世甚深：後者則是共同完成《醒園錄》一書，此書所收錄的菜肴製作簡明，且以山珍海味居多，雖以江南風味為主，故里（即四川）風味亦多，它最大的貢獻，乃對後世川菜不斷的發展、完善，起了很大的促進作用，故至今仍為人們所津津樂道。

　　至於祖父刻意培養，終在兒孫輩身上大放光明的，則有一家，此即川菜大宗師黃敬臨一家。原來黃敬臨祖父原籍江西，到四川做官後，從此落籍華陽。他本身即好美食，為兒子選擇媳婦，第一個要件竟是必須精通廚藝。適陳家有女初長成，得自父傳，能燒製三百個菜，黃老大喜，遂兩家通好。陳氏即黃敬臨的母親，自嫁入黃家後，兩家風味結合，製作更加精美，黃敬臨自幼吃慣佳肴，並獲母親真傳，加上在清宮光祿寺任職三載，打理過對飲食極為挑剔的慈禧太后之飲食，終成一代名廚，響徹西南半壁。

咱家的飲食傳承，當然不能與黃家相提並論，但注重飲饌一道，亦是其來有自。父親爲江蘇人，系出名門，累世縉紳，雖是詩禮傳家，卻考究飲食起居。母親出身嘉義巨室，家饒資財，一飲一食，莫不精究。他們的品味因而極高，我自然也跟著受益無窮，能吃出個名堂來。

媽媽本是個大小姐，完全不懂割烹之道，既嫁爲人婦，只好用心摸索學習。起初是爸爸口授，以後更向奶奶求教，加上悟性極高，遂在舞刀弄鏟之餘，漸能自成一家。因此，媽媽燒的家鄉菜固然是一絕，博得親朋好友的喝采，所燒的台菜、混省菜，尤能別出心裁，熔鑄新意，而且更勝一籌。兼且她取材必精、揀料必嚴，以致家中的生活費，多半是花在祭五臟廟上，我們一家人自然吃得津津有味，其樂陶陶。直到現在，我一想起她老人家的拿手菜，還會垂涎三尺哩！

比較起來，最讓我難以忘懷的，應是家住員林的那段日子。當時我讀小學，住在司法新村，爲一和式房子，三側皆有院子，面績約百來坪。除種十顆芭樂樹及數十株香蕉外，還有一個大絲瓜棚，四周圍的田滿是田雞，家裡亦飼養著雞鴨。幾乎每天早上，都有人拎田雞兜售，因而媽媽的大蒜田雞湯、紅燒田雞腿等，便是常烹的珍味。此外，炒絲瓜、冬荣鴨、香菇雞、紅燒魚等，都是飯桌上的常客，吃得興味盎然。有時候，爸爸也會露個兩手，他的炒飯、煨麵和醬油麵等，料少味足，百吃不厭，每思及必嚥口水。

爸媽都很愛吃，也常帶我們去打牙祭。像母親常帶我們回嘉義娘家，其時姨丈正炙手可熱，加上他很好客，每見到我們來，必去大館用餐，但我印象最深的，反而是外婆帶我們去吃夜市和路邊攤。有的香菇肉羹、火雞肉飯、虱目魚粥、炒鱔魚麵、鹹米糕等上好滋味，迄今仍深烙腦海。

不過，最令我難忘的，還是每次考第一名的獎賞。當天晚上，媽媽騎鐵馬帶我來到夜市，但見一個寬闊的場子，每攤前都點著燈，放眼望去，一片燈海。夜市裡什麼都有，媽媽含笑帶著我逐攤拜訪，想吃即進去，不拘多少錢。我記得每回至少吃六、七攤，非得吃到撐，才滿足賦歸。現今的食量驚人，或許即奠基於此。

　　另爸爸一有應酬，必攜外食歸來。記得彰化那時有家烤鴨店甚有名氣，他享用完後，即帶全鴨或鴨架子回家，那鴨架子熬大白菜、寬粉條的滋味，光吃一碗，怎麼會夠！

　　猶記父親有段時間調往台南高分院服務。每逢週末返家，總不忘攜二巨粽回員林，此粽即南台灣赫赫有名的「再發號」八寶肉粽。回到家時，通常是晚上九點左右。縱已用過晚飯，但母親仍會馬上解一只給我們這三個小饞鬼吃，一定要吃脹了，才肯上床睡覺。只是好吃的我，每每難以入眠，因還有一只擱在那兒呢！第二天，媽媽把剩下的那只煮透，大家分而食之，尚覺十分適口。這個每個禮拜上演一次的老戲碼，持續了一年多，終因父親調回而告一段落。

　　還有件事值得一提，家父有個鹿港朋友，逢年過節，必送當地名貴的海產到家裡來，而且整籮整筐，讓人目不暇給。所以，闊目、青蟹、西施舌、蝦猴等玩意兒，不但經常送口，根本就吃不完，分送左鄰右舍。似這等豪吃法，恐怕今生難再。

　　父母把我的嘴養刁了，以後更因種種特殊機緣，嚐過的美食何止萬千，又因自己刻苦鑽研，完成十部美食著作，總算略有一己心得。本無傳承給下一代的念頭，直到接連發生兩件事，才改變了先前的想法。

　　家父自幼即以會吃魚出名，連那號稱骨多難食的刀魚，都能將肉吃得

一點不剩。據他老人家說，我小時候也很會吃魚，吃魚頭尤其拿手。結果，我的小女丹玥和小犬丹庠，居然青出於藍，才剛滿三足歲，竟會吃小鯽魚，當然不是用蔥爛的。看著他們安然地將小刺從嘴裡取出時，我不禁訝然，真是後生可畏呀！

另一次是讓「奇庖」張北和[1]看得目瞪口呆。

約七年多前（其時丹玥六歲，丹庠還不滿四歲），北和老哥告以準備了黨參鵝汁排翅，邀我去台中品享，並問我還想吃些什麼？我答久未嚐其豆醬豆仔魚[2]，很想重溫舊夢。他回說：「你盡早來，還會備些好菜。」結果，當天去的時候，這兩個小娃兒玩得興奮，頻夢周公，一再點頭。我想這下完了，敢情糟蹋美食。

誰知道當黨參清燉魚翅端上來時，太太各盛了一碗，餵點給他們吃。神奇就在這兒，當喝下一口後，彷彿就像白蘭氏雞精的廣告，燈泡逐漸充電，最後整個放光。連續喝了兩碗，接下來的牛筋切盤、九轉肥腸、蔥煎牛肉等佳肴，都吃得不亦樂乎？北和兄笑著說：「還沒看過小孩這麼能吃，把壓軸的豆醬豆仔魚端上來吧！」我則說：「看來都已吃撐了，俺也飽了，就別費神啦！」他老哥堅持要做，說：「這是特別為你們準備的，兩尾都上。」

正沒奈何處，魚兒已上桌，小鬼眼睛一亮，紛紛嚷著要吃。我夾魚肉布滿他們碗上，張氏急止之，說：「小心魚刺多。」但見小朋友吃得嘖嘖有聲，將刺一一剔出，過了沒有多久，一人吃掉一尾。這情景奇庖也看得傻眼了，低頭嘆息說：「平生看不少小孩子吃魚，就從沒有這麼氣定神閒

---

1 老蓋仙夏元瑜封他為「全台第一」，小說家李昂則尊之為「食神」。
2 長約一尺，重達十二兩，刺多且小。

的」。

從此之後，我確定他們孺子可教，開始好好栽培，希望努力傳承，成就一代「吃」功。

事實上，家中的藏書近三千本，關於吃的典籍就有八百冊之譜，也夠他們瞧的了。更何況，書的數量仍不斷在累積中，導致家裡已快書滿爲患，不知如何是好？

除了預備書籍外，身體力行才重要。只要一有機會，馬上排除萬難，讓他們去見識。而今，他們已和曹又方、李昂、于美人、施叔青、郜瑩、王宣一、何麗玲這些阿姨們吃了好幾次飯，從「上海極品軒餐廳」，直吃到「三分俗氣」，似乎只要有好吃的所在，幾乎就見得到他們的足跡。

以往舉家去「品源香港美食」用餐，店家的油淋乳鴿堪稱台灣一絕，我們一家四口，均好食此。這兩個小饕客自幼迄今，每回我點來兩隻，才剛一上桌，兩個鴿頭即分別捏在他們手中，猶憶十餘年前，丹玥在啃完後，還曾對老闆說：「裡頭的腦好好吃。」老闆哈哈一笑，說：「妳可眞懂吃喔！」從此之後，就換我鬱卒了，那些好吃的，全被他們先下手爲強，以後只能望茱興嘆，暗自扼腕而已。

麥田文學 RL1231

食林外史

作　　　者／朱振藩
選　書　人／陳蕙慧
責 任 編 輯／林怡君
副 總 編 輯／林秀梅
總 經 理／陳蕙慧
發　行　人／涂玉雲
出　　　版／麥田出版
　　　　　　城邦文化事業股份有限公司
　　　　　　台北市104中山區民生東路二段141號5樓
　　　　　　電話：(02)2500-7696　　傳眞：(02)2500-1966
　　　　　　部落格：http://blog.pixnet.net/ryefield
發　　　行／英屬蓋曼群島商家庭傳媒股份有限公司城邦分公司
　　　　　　台北市民生東路二段141號2樓
　　　　　　書虫客服服務專線：02-25007718 · 02-25007719
　　　　　　24小時傳眞服務：02-25001990 · 02-25001991
　　　　　　服務時間：週一至週五09:30-12:00 · 13:30-17:00
　　　　　　郵撥帳號：19863813　　戶名：書虫股份有限公司
　　　　　　讀者服務信箱E-mail：service@readingclub.com.tw
　　　　　　歡迎光臨城邦讀書花園　網址：www.cite.com.tw
香港發行所／城邦（香港）出版集團有限公司
　　　　　　香港灣仔駱克道193號東超商業中心1樓
　　　　　　電話：(852) 25086231　　傳眞：(852) 25789337
　　　　　　E-mail：hkcite@biznetvigator.com
馬新發行所／城邦（馬新）出版集團【Cite(M)Sdn. Bhd.(458372U)】
　　　　　　11, Jalan 30D/146, Desa Tasik,
　　　　　　Sungai Besi, 57000 Kuala Lumpur, Malaysia.
　　　　　　電話：(603) 90563833　　傳眞：(603) 90562833
美 術 設 計／江孟達工作室
印　　　刷／鴻友印前數位整合股份有限公司

■2009年（民98）12月15日　二版一刷　　　　　　Printed in Taiwan.

定價／300元

著作權所有 · 翻印必究
ISBN　978-986-173-586-3

國家圖書館出版品預行編目資料

食林外史／朱振藩著. -- 二版. -- 臺北市：
麥田，城邦文化出版：家庭傳媒城邦分公
司發行，民98.12
　面；　公分. --（麥田文學；RL1231）
ISBN 978-986-173-586-3（平裝）

1.飲食風俗　2.中國

538.782　　　　　　　　　　　　　98021647

城邦讀書花園
www.cite.com.tw
書店網址：www.cite.com.tw